壁の涙

法務省「外国人収容所」の実態

「壁の涙」製作実行委員会編

カバーの絵は、ある収容体験者が収容中に描いたものである。
悲しみのつらい収容の日々。一粒の涙のしずくは頬に流れながらも、
いつかきっと一輪のこころの花を咲かせるだろう。

目次

※用語について

一　本書副題の「外国人収容所」とは、法務省入国管理局の入国管理収容施設、とくに入国者収容所を指す。

二　入国管理収容施設は総合的名称であり、長期収容者を対象とする入国者収容所（例：茨城県牛久市の東日本入国管理センター、大阪府茨木市の西日本入国管理センターなど）および短期収容者を対象とする収容場（例：品川区の東京入国管理局収容場など）がある。

三　「入管」は入国管理局の略である。

四　仮放免とは、入国者収容所長の職権で一時的に収容が解かれることである。

五　現在、「ミャンマー」とよばれる国の名称は、国民になんの相談もなく軍事政権が定めたものである。民主化運動に携わる人々はこの国名には同意せず、従来のビルマという名称を用いている。その思いを代弁するため、ここではビルマという表記を使用している。

はじめに　国境と国境のはざまに落ちてしまった人たち

柳下み咲

一九九〇年代の半ば頃、わたしは米国のある地方都市に留学した。学校が始まるまでのしばらくの間、英語を母語としない人のための無料の英語教室に通った。そこに集う生徒はさまざまな国から来た人たちで年代や人種も多様であった。一クラスには五〇人ほどの生徒がいたが、その中でひときわ目立っていたのがイラン人の青年だった。よく話し、よく笑い、何の屈託もなさそうな青年であった。ある日の授業で彼は「自分は難民だ」と話した。明るい彼が難民であるということ、難民という人がこんなに身近にいること、イランからも難民が来るということを初めて知ってわたしは驚いた。そして、その数年後「わたしは難民だ」という何十人もの人に、学校のクラスではなく、日本の入管収容施設でわたしは出会うことになる。

アムネスティ・インターナショナル日本の東京事務所にスタッフとして就職したのは二〇〇二年六月。米国の大学院で国際人権法などを勉強したものの、難民問題はよく分からないままに「難民担当」という職務に就いた。以来、難民申請を却下された人たちからの相談業務などの仕事に携わっている。日本で難民として認められることはとても難しい。認定数は毎年一〇〜二〇人程度（二〇〇五年は異例の四〇人台だったが）、認定率は数パーセントにすぎない。しかも認定される人たちはビルマからの難民が多い。難民認定が却下された人たちは超過滞在となり、退去強制手続きが進み、その多くは退去強制令書が発付され、日本国内から退去するよう求められる。しかし、難民として庇護を求めるくらいだから、自国にすんなりと帰ることができず、超過滞在という不安定な地位のまま、日本にとどまり続けることになる。多くの人は有効なパスポートもなく、他国へ出国することもできない。まさに国境と国境のはざまに落ちてしまったような状態である。そして、前に進むことも後ろに下がることもできない苦しさをかかえ、日々を送っている。

退去強制令書が発付されると、原則として、入管収容施設に身柄を収容される。しかも、これは無期限で収容が可能である。何年間も収容施設にとどまる人たちもいる。長期収容になるのは、難民申請を却下された人たちだけではない。日本人と結婚したけれど配偶者ビザが発給されない人、日本人配偶者と離婚したけれど子どもと一緒にいたくて帰国を拒否する人、無国籍となってしまった人、日本に何年間も暮らして日本で生活基盤を築いた人、さまざまな人たちがいる。収容施設で単調な毎日を送り、自分の将来はどうなるだろうと日々考えつくしている人たちの表情は、まるで哲学者のようなおもむきさえある。このような人たちから相談を受け、向き合うことはとても苦しい。彼・彼女らを窮状からすぐに救いだせることができるのは、法務大臣しかいないからである。「自分の国に帰ったら逮捕され拷問されるかも」「空港でつかまって行方不明になった人がいるらしい」……。このような恐れをいだきつつも、日本にとどまることができる可能性がまったくなく、収容が長くなり、裁判でも負けて、ついには自主的に帰国を決意する人たちもいる。ある日突然、無理やりに飛行機に乗せられ、帰国させられた人たちもいる。残念ながら、自主帰国を選んだ人たちの多くからは二度と連絡が来ない。世界のどこかで無事に元気でいることを願うばかりである。

目の前に困り果てている人がいる。その人たちを助けたい、何か力になりたいと思うのは当然のことである。わたしたちはテレビで難民を見ることがある。何もない難民キャンプで病気の赤ん坊を抱いて困り果てている母親たち。足を地雷で吹き飛ばされ、義足もなく困り果てている人たち。勉強もできずおなかをすかせて困り果てている子どもたち。わたしたちはこのような人たちを見て、何かしたいと思う。お金を寄付する人もいるだろう。援助団体に就職して難民キャンプへ行く人もいるだろう。でも、テレビで見る難民以外にも、困り果てている人たちがわたしたちのすぐ近くにいることも忘れないでほしい。自分の国に帰ることもできず、日本にいることもできず、収容施設で日々を送っている人たち。国境と国境のはざまに落ちてしまって身動きのとれない人たち。入管施設に収容され、国境を越えることができず身動きがとれなくなった人たちにわたしたちができることは、その存在を知ること、話を聞くこと、そして日本の社会や制度を変えるよう働きかけをすることであろう。本書は「その存在を知る」機会となる一冊である。

本書の第一章ではまず、一橋大学大学院学生の赤瀬智彦氏が収容経験者の家族から聞き取りを行なった。また入国者収容所での面会を通じて被収容者のメンタル・ケアに携わってきたさいたま教区助祭の斎藤紳二氏が収容所内部の状況を整理した。さらに、入管問題調査会の代表として長年この問題に取り組んできた高校教員の高橋徹氏が、外国人収容制度における近年の経緯を概観した。第二章には、収容経験者のパトリック・ラシェーイン氏（故人）が収容所のなかで書いた手記を掲載した。第三章では収容経験者の証言を交えながら、医師の山村淳平氏と弁護士の児玉晃一氏が収容所問題の解説を項目別に行なった。そして第四章では、本書の企画者である山村氏へのインタビューを編者の赤瀬氏が行ない、山村氏が入管収容の背景に潜む諸問題について縦横無尽に語った。

学校や職場で「わたしは難民でした」「わたしは移民です」という人たちに出会えるように日本の社会を変えることができるのは、まさにわたしたちしかいない。世界人権宣言では「すべての者は、迫害からの庇護を他国に求め、かつ、これを他国で享受する権利を有する」（第一四条）「すべての者は、人種、皮膚の色、性、言語、宗教、政治的意見その他の意見、国民的もしくは社会的出身、財産、出生または他の地位等によるいかなる差別もなしに、この宣言に規定するすべての権利および自由を享受する権利を有する」（第二条）とうたっている。日本に逃げてきた人たち、母国に帰ることができない人たちの人権を尊重するために何ができるか、本書を通じてひとり一人が考えるきっかけになれば、と思う。

第一章　入管被収容者への支援の現場から

一　大きな自転車を買うから

赤瀬　智彦

わたしが法務省の外国人収容問題に関心をもつようになったのは、つい最近のことだ。たまたま、外国人を支援する人々に出会ったことがきっかけで被収容者のインタビューにたずさわるようになり、そこで初めて法務省がどのような人々を収容しているのか、その彼・彼女らをどのように扱っているのかを知り、大きな衝撃を受けた。多くの人々の場合、収容は行政上の過失にすぎない超過滞在が原因である。それにもかかわらず、収容対象者は一般的には「不法滞在者」とよばれ、ともすれば「犯罪者」と同列にみなされてしまうのである。

たしかに、被収容者のなかにも、日本社会で深刻な犯罪行為をはたらき、日本に滞在する権利をみずから失ってしまった人がいる。そうした彼・彼女らが母国送還の対象として、短期間その身柄を入管収容施設にて拘束されることは、やむをえないことであるかもしれない。しかし収容された人々のなかには、幼い子どもや、自分が母国で迫害に遭った難民であると訴える人々、病気のために日本での治療を必要としている人々などが含まれている。また、収容施設の劣悪な環境あるいは入管職員による暴力的なふるまいが、被収容者たちの精神や身体に重大な影響を及ぼしている。

そうした状況にわたしが気づかされるきっかけとなった、ある家族をご紹介したい。

本書の執筆者でもある医師の山村さんとともに、東京の郊外に住む家族をわたしがはじめて訪ねたのは、いまから半年ほど前のことだ。山村さんがご夫婦のインタビューをとるかたわらで、幼稚園から帰ってきたばかりの娘のリタ（仮名）と「ニラメッコ」をして遊んでいたのだが、やがて外から神輿を担ぐ子どもたちの元気な声が、太鼓の音色とともに聞こえてきた。するとリタは「お祭りよ」と歓声をあげて、母親のラーヤ（仮名）に自分もお祭りに出たいと猛烈にせがみだした。

ラーヤは困った顔をしてわたしの方をふと見上げたので、「じゃあ外で遊んできます」とわたしは言って、家の前を通過した神輿をリタと一緒に追いかけることにした。しかし神輿を見失い、リタの「お祭りはアッチ！やっぱりコッチ！」に振り回されて、彼女をかついであちこちを行ったり来たりしながら、やっとのことで神社にたどり着いた。だが、お祭りは今まさに終わってしまったところで、彼女をひどくガッカリさせてしまった。それでも近所の方たちに焼きそばや豚汁を分けていただき、「かわいい娘さんですね」などとからかわれながらも、わたしたちはお土産を両手にかかえ、上機嫌で帰途についた。

ただ、その帰り道で気になったことがあった。リタはわたしを呼ぶとき、かならず「センセイ、センセイ」と言うのである。幼稚園の先生みたいだからだろうか、それとも山村さんと一緒に来たので自分も医者だと思われているのだろうか、などと少しうぬぼれて考えていたのだが、帰ってからご両親に尋ねてみて驚かされた。家族は母国で深刻な迫害を受けて日本に逃れ、空港で難民としての認定を受ける申請をしているにもかかわらず、入国者収容所に送られた。それ以来、入管の職員たちは自分たちを「センセイ」と呼ぶよう強く求めつづけたために、リタもまた見知らぬ日本人の大人に対してそう呼ぶ習慣がついた、と言うのである。

わたしは自分とリタの距離が急に遠くなったような寂しさを感じ、それと同時に先の神社で一寸、親のようにふるまったことに、言いようのない恥ずかしさを覚えた。そこで、一家を訪ねてからしばらくして、客観的な視点からこの家族を見つめ直そうと思い直し、再び家族に会いに行くことにした。そして証言を公にする際には氏名と住所を明かさないことを約束したうえで、彼・彼女らがどのように収容され、その心の傷がいまもどのように家族の中に残っているのかについて、ご両親にくわしく伺った。以下の記述は、山村さんとわたしが得た証言の主要部を重ね合わせたものである。

父親のハミル（仮名）によれば、一家は来日した折、成田空港ですぐに捕まり、レストハウスで二週間、自費での滞在を強いられた後、牛久の収容所に入れられた。難民認定の申請書は空港ですぐに提出したのだが、難民である証拠品を持たないがゆえに、不法労働が目的との疑いをかけられ、国外退去を強いる手続きが始められた。その結果、茨城県牛久市にある入国者収容所での生活を一家全員が強いられることになった。

ハミルは、収容所の各部屋は六畳で、定員は畳の数と同じだったと証言している。日中は妻子と一緒に過ごすことができたものの、夜は別々の部屋に移された。鋼鉄のドアは施錠され、なかには窓がなく、埃や塵が舞っていた。点呼の際には全員がこれまでしたことのない正座をさせられ、その度に嫌がるリタの泣き声が館内でこだました。やがてリタは咳をするとともに熱を出し、食事にも手をつけられなくなった。しかし、職員は所内の医師を呼ぶことはなく、痛み止めを手渡しただけだった。後にラーヤは「それを見て、リタが心配で頭がおかしくなりそうだった」と述べている。

リタは「なぜドアが開かないの、なぜ外に出られないの」といつも泣いていた。すると、不機嫌になった職員は檻ごしに「なぜ静かにさせない、それでも親か」と母親のラーヤに向かって激しくどなっていたという。ラーヤとリタは五〇日を経てようやく収容所から解放され、東京郊外に小さなアパートを借りることができた。しかし、父親のハミルはその後も一年近く身柄を拘束されつづけることになったのである。

近くの幼稚園に通ううち、リタは日本語を覚えるようになり、少しずつ元気を取り戻していった。だがラーヤによれば、「パパは何をしたの、なぜ出てこないの」といってリタは毎日、母親を問いつめていたという。ラーヤはリタに「パパはお仕事をしてるの、すぐに帰ってくるから心配しないでね」と言い聞かせていたものの、日に日にリタの疑いは強くなり、ついには母親の言うことに耳をかたむけず、「嘘つき、明日は帰ってくると言ったのに！」と叫んで、ラーヤを苦しませるようになった。

ある日、リタは受話器を両手に抱えて涙をこぼしながら、収容所から電話をかけてきた父親に「早く帰ってきて」と訴えていた。ハミルはしばらく返答に窮した後、「パパはね、ここで皆がご飯を食べるために仕事をしているんだよ、それが終わったら帰るからね」と応えてリタの反応をうかがった。リタは長いこと口をつぐんでいたが、もう一度意を決したように「わたしが大きな自転車を買うから、そこを逃げて」とつぶやいた。ハミルには、もう彼女に何も言うことはできなかった。

インタビューの最後に、ハミルは「つまり、あの子は全部分かっていたんです」と述べている。「何も悪いことをしていない自分たちが刑務所のようなところに収容されたことに対して、リタは深い憤りと悲しみを抱いているのです」と。

ハミル一家は、母国で少数民族として過酷な迫害にあい、それから逃れるために日本にやってきた。それならば法務省はなぜ、彼・彼女らを難民として認めないのか。それは、母国政府が迫害の事実を否認しているうえ、当人の証言以外にその難民性を裏づける証拠がないからである。だが、迫害当事者が「自分がやった」と日本の法務省に伝えるはずはなく、また被害者である難民自身が証拠をそろえて国外へ逃れることはきわめて困難である。したがって、難民に対し無理な要求を強いている法務省の判断基準そのものが、まずは問われるべきだろう。

だが、たとえハミル一家が難民でなかったとしても、子どもを収容し家族を引き離したこと、さらには医療体制の未整備という、人権上の大きな問題が依然として残っている。また、彼・彼女ら自身に起きたことではないものの、職員の暴行によって障害が残った被収容者が訴訟を起こしている例も多くある。

では入管職員たちはなぜ、被収容者に対してそのような仕打ちをするのだろうか。ここでわたしはリタにより投げかけられた「センセイ」という言葉を思い出す。わたしは一見、彼・彼女らに共感を寄せ、行動しているつもりでいるけれども、構造的には「日本国民」として彼・彼女らを差別する側に立っている。客観的にはむしろ、「センセイ」の立場に近いと言えるのではないか。仮に、わたし自身が入管職員になったとして、わたしは実際どのように振舞うのだろうか。

――強制送還の職務命令を受けた〈わたし〉は、被収容者の一人をすぐに部屋から連れ出し、車に乗せて空港に連れてゆかなくてはならない、しかし、彼は帰国を拒絶し、叫び声を上げながら、〈わたし〉の手を夢中で振り払おうとする。こうした状況の中で、言葉で説得している時間などない。もがき叫び暴れる彼を同僚の職員たちが囲い込み、ある者は足を押さえ、ある者は口をふさぎ、殴る蹴るの暴行を加えている。それでも、彼は憎悪の眼差しをこちらに向け、服従を拒みつづけている。彼の眼に一瞬捉えられ、それでも人間か、と罵られたとき、かっとなった〈わたし〉は思わず棍棒をその首筋に振り下ろし、動揺してさらに彼を殴打しつづける。しばらくして彼がぐったりとし、〈わたし〉はふと我に返って、その顔をのぞき込む。

と、そこにはリタの父親、ハミルの姿がある……。

こうした想定が、まったくの夢想であるとは思われない。歴史を振り返れば、あるいは世界を見渡せば理解されるように、人間は状況に応じて、どんな残虐さでも発揮しうるものだ。だからこそ、人間がもつ暴力性を顕在化させないための制度をつくること、逆に言えば、人間のそうした性質を利用する仕組みに目を向け、より暴力的でない方向にそれを変容させてゆくことこそが重要なのではないか。

先日、難民申請者であったわたしの友人が家族とともに入国管理局に捕らえられ、内戦の続く母国に送還された。「美しい日本」の裏側を生きる無数の人々を、わたしはこれからも見つめつづける。

二　檻のない檻――収容体験者の証言から知り得たその実情

斎藤　紳二

（一）閉ざされた生活空間

まず、17ページの見取り図をご覧いただきたい。これが茨城県牛久市の入国者収容所に収容されている人々の生活空間である。国会議員などだと視察で実際に検分することができるのだが、我々は一歩も踏み入ることはできない。たくさんの収容体験者の証言を重ね合わせた結果がこの図である。棟によって多少の構造上の違いがあるようだが、ほぼこのような状況であると考えてよいと思う。

中央に五つの区画に分かれているのが収容房である。ここでは五人部屋ひとつに一〇人部屋が四室となっているが、男子の収容棟には一人部屋もあるとのことである。また、二年前に新築された棟では、五人部屋が主体になっているという。

古い棟は畳敷き。貸与される毛布を使ってここで眠る。収容所の「処遇細則」によると、貸与される毛布の数は夏季が三枚以上七枚以下、冬季が五枚以上一〇枚以下と決められている。借りた毛布をそれぞれの好みの枚数を敷くものと掛けるものとに使い分ける。ふとんやマットレスは貸与されない。

毛布を敷いた面積が一人分の専有面積。つまり、一人が占めるスペースはほぼ毛布一枚分である。

収容された体験をもつ人の話では、一〇人部屋に一四人の人が詰め込まれたこともあったそうだ。そうなると寝返りもうてない。寝ていたときにふと横を見ると、同室者の顔がすぐそばにあったという話しを聞い

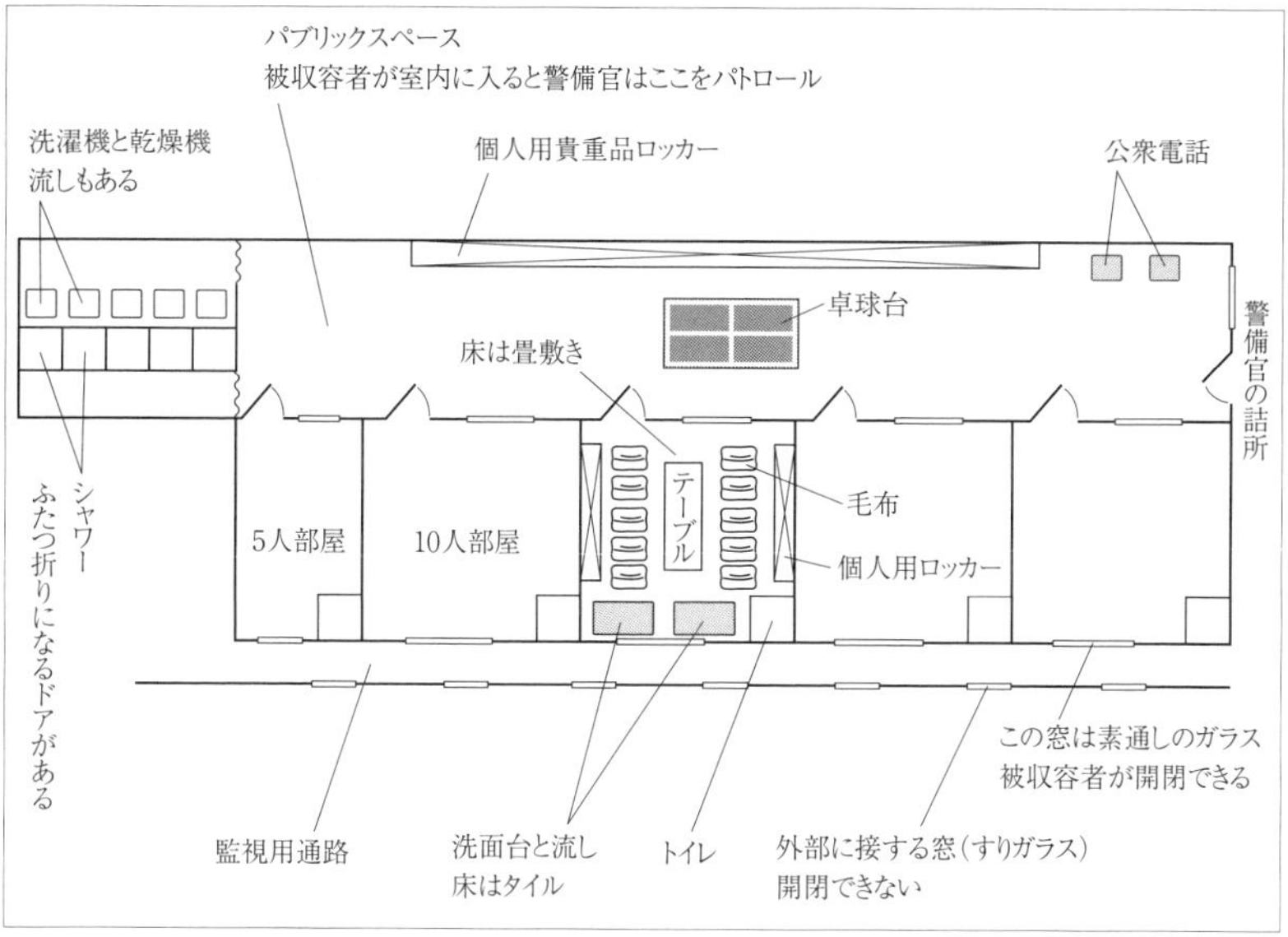

たことがある。

新しい棟は各フロア五人部屋が六室ある。こちらは畳敷きではなくベッドである。二段ベッドふたつに一段のベッドがひとつ。それにトイレと流し。中央にテーブルと椅子があるので、六畳ほどだという室内は、やはり窮屈で体を横にしなければ歩けない状況に近い。しかし、畳に毛布の旧棟のような雑魚寝の感じがやや緩和されるため、被収容者にはこちらの方が評判がよいらしい。

分厚い鉄製のドアを入ると、部屋の中央に折りたたみ式のテーブルがふたつ置かれていて、食卓として使われ、手紙を書いたり本を読んだりといったさまざまな用途に用いられる。

左右の壁には、被収容者の個人所有物を納める棚がある。畳敷きのスペースの奥はタイル張りの床になっていて、そこにトイレと流しがある。突き当たりの壁には素通しのガラスのはまった窓があり、その向こう側は入管職員の警備官が巡回するための狭い廊下になっている。警備官はこの廊下を利用して、被収容者を監視する。

巡回用の廊下を隔てた壁面に、外部に接した窓があるのだが、この窓はすりガラスがはまっていて、開閉ができないいわゆる「羽目殺し」になっている。

部屋の出入り口にある鉄製ドアは一〇センチほどの厚さで、大変重い。開閉は警備官の部屋から電動でコントロールされる。ドアの脇には素通しのガラスがはまった窓がある。そのかたわらに、小さな穴が開いている。ここから三食の弁当が差し入れられたり、医師から投与される薬が渡されたりする。

鉄製ドアを通って部屋を出ると、そこは広い廊下のようなパブリック・スペースである。証言によって違いがあるが、その幅は三〜四メートルほどだという。向かい側の壁面には、個人用の貴重品入れのロッカーが並んでいる。この壁には一切窓がない。

パブリック・スペースには卓球台が置かれていて、希望すれば道具が貸与されてプレーすることができる。そのほかに、公衆電話が二台置かれている。新棟では簡単な電話室があるそうだが、旧棟はそうした施設がないため、収容所からかかってくる電話の背後に、ピンポンの音が聞こえてくる。それだけで、椅子もソファもない。ここで他の部屋に収容されている知人と話をしたり、ここを通って他の部屋を訪問したりする。

ドアからみて左右どちらか一方には、洗濯室（乾燥機も設置されている）と、シャワー室がある。棟によって洗濯室とシャワー室が背中合わせになっているつくりと、洗濯室の奥にシャワー室があるつくりの違いがあるようだ。また、洗濯機の台数が五台の棟と四台の棟とがあるようである。

これだけが彼・彼女らの生活空間のすべてである。

通常このスペースから出られるチャンスは、ふたつしかない。被収容者には交代で毎日三〇分間運動することが許されている。順番がきて運動場に出るときにこのスペースから出ることができる。もうひとつは、面会者からの面会の申し込みがあって面会室に行くときである。それ以外のときは、このスペースから一歩も出ることはできない。

このような空間に閉じ込められている人々は何人くらいいるのだろうか？

収容所全体の収容限度は七〇〇人ということになっている。通常の場合、現在収容されている人の実数は教えてもらえないのだが、二〇〇五年暮れにある国会議員が所長に面談した際の説明では、四六〇名とのことであった。つまり、満員ではないということである。満員ではないが、被収容者は狭い空間におしこめられているということになる。ともかく、被収容者たちがゆったりしたスペースで暮らしているわけではないことは事実である。

以上のことを頭の隅において、以下のレポートを読み進めていただきたい。

(二) 帰るに帰れない人々の群れ——収容所の住人たち

●年間二万人を帰還させる方針

収容されているのはどのような人たちだろうか。いうまでもなく、被収容者は百パーセント外国籍の人たちである。どんな人たちが収容されるのか、収容そのものにどのような問題があるかについては、他の執筆者の方たちも詳しく述べておられる。だが、ごく普通の支援者の視点で記述することも無駄ではないであろう。

収容されているのは、全員日本国のビザをもたないか、もっていても期限がきれてしまった人たちである。警察官や入管職員から路上や職場でビザの提示を求められ、有効なビザをもたず超過滞在の状態（法務省などの公官庁からは「不法滞在者」と呼ばれる人たち）であることが分かってそのまま収容された人たちである。牛久市の入国者収容所の場合、いったん品川の入管収容場に収容された後に、ここに移送されてきた人が多い。そのほか、偽造パスポートなどで入国しようとして成田で拘束され、収容施設にいったん収容された後、移送されてきた人たちもいる。

二〇〇三年、法務省は当時国内にいる超過滞在外国人の数を二三万人とし、その半分を五年間で母国に送還するという方針を立てた。つまり、毎年二万人以上の人たちを送り返すのである。これまでのところ、警察や入管はこの目標をほぼ達成しているらしい。時々新聞記事で「これまでの半年間で、約一万人が帰国した」といった報道がされるので、そのことが分かる。

しかし、毎年二万人以上の人を捕まえ、帰国を促し、間違いなく帰国したことを確認するのは、大変な作業である。おそらく警察も入管も、このことにその能力と時間のかなりの部分を費やしているだろうと思う。

●自費帰国と国費帰国

超過滞在が発覚し帰国を命じられ、その命令にしたがって国に戻れる人は幸せと言ってもよいのかも知れない。中には帰れない人もいる。第一に、帰国するための旅費が工面できない人である。第二に、帰国するとその身に害が及ぶと思っている人たち。

金さえあれば帰国できる人たちは、友人や支援者に頼んで金を提供してもらい、旅費が出来たところで、帰って行く。収容された事情があまりにもかわいそうだと同情した被収容者たちが、なけなしの金を出し合って旅費を作り帰国させたという例もある。

支援してくれる人がいないと、国費で送還されるのを待つことになるのだが、申請をしてから順番が来るまで一年くらい待たなければならないといわれる。しかし、中には、四、五ヵ月で帰って行く人もいる。どういう基準があるのか、我々には説明がないのでよく分からない。

第二のグループは、自分たちは「難民」であると主張する人たちだ。国によっては、他国で難民申請をしたということが分かっただけで、「反逆者」とみなされ、逮捕監禁、あるいは処刑されてしまうこともあるという。国で反政府運動に加わり、当局から目をつけられて命に危険を感じたので、逃げてきたという人もいる。彼・彼女らは恐ろしくて帰国できない。

身の危険を感じる根拠として宗教問題を主張する被収容者も少なくない。彼・彼女らの国で生きていくには宗教が重要なポイントを占めている。国によっては別の宗教に改宗した人を厳しく処罰するそうだ。しかし、日本の法務省はこの問題を重要視しない方針であると聞いた。大多数の人が信仰とは無縁な生活を送っている日本の特徴というべきだろうか。

国を失ったいわゆる難民に対して、日本が国家としてどのような対応をしているかは重要な問題だが、あまりに大きな問題であり、収容所報告と抱き合わせに論じるべきことではないので、別の機会にゆずりたい。

また、帰りたくない人たちもいる。彼・彼女らはすでに日本に一〇数年間住み暮らし、同じ外国籍の異性と結婚して子どももできた。子どもは日本の風俗習慣の中で育ち、日本語しか話せない。国に帰っても仕事がなかなかみつからないことが分かっている。母国に仕事がないから日本に働きに来た。長期間国を離れていて、母国の現状も詳しく分からない。なによりも、生活環境がまったく違い言葉も違う環境に、子どもをいきなり投げ込むのは可哀そうだ。なんとか日本で暮らしつづけたいと希望し、日本にとどまっている。

これらの人たちは、日本国から帰れと命じられたのに帰国しない不届きな人たちとみなされる。そして、収容される。

●前科がある人を法務省が差別収容している

罪を犯して逮捕され、裁判で有罪判決を受けて服役した人たちも、刑期が終了した時点で刑務所から収容所に直接送り込まれてくる。その中にはビザをもっていたが、服役中にその期限が切れてしまった人もいる。刑務所とは罪を犯した人たちに償いをさせると同時に、再犯しないように教育する機関のはずである。これが日本人だったら、社会に復帰できるようにさまざまなシステムが準備されているのに、外国人の場合はそうとはみなされない。一律に「不良外国人」のレッテルを貼られる。

前科のある人を差別しないで社会復帰させるのが国のとるべき方策だと思う。それなのに、刑期を終えた人を刑務所よりもさらに苦しい環境に閉じ込めているのが現状だ。法務省が自ら前科者を差別しているとみなされても仕方があるまい。

国としては早く帰したいのだろうが、母国に問題がある場合は送還することもできず、さりとて滞在を許可するわけにもいかないので、えんえんと収容することになる。二〇〇六年六月の時点で、すでに三年をこえて収容されている人が存在する。この人の忍耐力には驚嘆するが、問題をおこさないおとなしい被収容者を知らん顔で長期収容する収容所のやり方にはなんとも割り切れないものを感じる。

(三) ストレスとトラブル——被収容者の日常

●定められた日課

彼・彼女らの一日は、午前八時の朝食で始まる。ドアの脇にある小さな窓から、朝食の弁当が差し入れられる。五百近い数の弁当をつくるのだから、かなり時間がかかる。いつも弁当は冷めてしまっていて、温かい食事をしたことがない、と被収容者は言う。食事が終わると点呼である。各部屋に警備官が来て名前と顔を確認する。以前は返事をするだけでよかったそうだが、現在は体を起こして、ちゃんと姿を見せなければならないそうだ。

点呼が終わり、午前九時半になると、各部屋の鉄製ドアが電動で開く。被収容者は息苦しい部屋から出ることができる。午前一一時半になると、全員が自分の部屋に戻らなければならない。昼食の時間だからである。

昼食後、午後一時にドアが再び開けられ、せまい空間の間を行き来することができる。午後四時半にまた部屋に戻ってドアが閉まると夕食が運び込まれるが、以後、原則として翌朝まで部屋を出ることはできない。午後一〇時に消灯。

このタイム・テーブルでも分かるとおり、彼・彼女らが部屋を出て共用の設備をつかえる時間は、午前の二時間、午後の三時間半だけである。彼・彼女らはこの間に、シャワーを浴び（もっとも午前中はお湯が出ないし、土・日・祝日にも終日水しか出ない）、運動場で体を動かし、洗濯をし、家族や友人、弁護士、支援者に電話をしたり手紙を書いたりする。電話やシャワー、洗濯機などは共同使用だから、うかうかしていると、自分の順番が来る前に、時間切れになってしまう。かなり巧妙に立ち回らないと、チャンスを逃してしまう。

だからと言って、彼・彼女らは忙しく時間を過ごしているわけではない。被収容者がよく言うことの中に「食事だけが仕事」という言葉がある。自分自身ですることをみつけない限り、漫然と時間を過ごすことになる。刑務所なら毎日七時間の作業時間があり、その間、集中すべき対象が与えられる。また、僅かとはいえ工賃も支払われるから、何か必需品を購入することもできるし、出所後の生活資金にすることができる。しかし、この収容所にはこうした時間がない。

もともと収容されているのは日本に在留する資格をもたず、日本国から退去するよう求められている人たちだ。それにもかかわらず、何らかの理由で国内にとどまっている人々を収容しているのだから、仕事を与えると国内にとどまることを認めたことになってしまう。だから、彼・彼女らに作業時間という時間帯はない。自分の創意工夫で時間をつぶす工夫をしなければならない。

最初のうちは読書などで時間はつぶせるが、次第にストレスがたまり、気力がなえてくると、それさえも苦痛になってくる。

中には強靭な精神力で、こつこつと語学の勉強をしたり、差し入れてもらった新聞・雑誌などから母国の政治情勢の情報を入手して分析したり、膨大な文章を書き綴ったりする人もいるにはいるが、多くは時間をもてあます。折り紙細工の材料は手に入るらしく、複数の被収容者から白鳥や花の細工物をプレゼントされたことがある。その中の一人は中年の男性だった。折り紙でもやらないと、時間がつぶせないのだ。することもないままに毎日が過ぎていく。毎日がまったく同じ日の繰り返しである。

●外の景色が見られない

このような環境におかれると、人間はどのような状態になるだろうか。

まず、誰が考えても、日ならずしてストレスの塊になることは容易に想像がつくだろう。一日二四時間、プライバシーを守るすべはまったくない。狭いスペースにたくさんの人々がいる。どこにいても、人目を避けることはできない。常に他人の視線を意識せずにはいられない。聞くところによると、各部屋のトイレにも、巡回用の廊下から覗ける小窓があって、今だれがトイレを使用中か確認することができるのだそうだ。パブリック・スペースには監視用のカメラが設置されているし、収容所側は否定するが室内にもカメラがあるに違いない。つまり、収容されている間、一瞬たりともプライベートな時間はないのだ。

彼・彼女らの目に映るのは、このスペースの中のものに限られている。すでに説明したとおり、外部に開いている窓は監視用廊下をへだてたところにしかなく、しかもすりガラスだから、外部の景色はまったく見えない。収容所が建っているのは緑豊かな地域で、周囲には桜の木が多いのだが、春の美しい光景を彼・彼女らには見ることができない。面会に行くと、「今日は雨が降っているの？」と、その日の天候を尋ねられるほどである。

運動場があるのだからそこで外の景色が見られるだろうと思われるかも知れないが、この運動場も高いコンクリートの塀でかこまれている。法務省の入管が出した一般向けのパンフレットに運動場の写真が掲載されている。それで見ると、広さはテニスコートらしきものが二面。天井はないが、むき出しの鉄骨で組んだ格子がはまっている。写真ではよく分からないが、おそらく金網が張られているのではないかと思う。つまり、この運動場から見えるのは空だけである。

定期的に面会に来る支援者の中には、自宅の庭に咲く花を摘んできて、面会室で被収容者に見せている人がいる。アクリルの仕切りを通してだが、被収容者は大変喜んで、久しぶりに見る花にみとれるそうだ。

●絶えないトラブル

長期間遠くの景色を見ずにいると、目の神経がおかしくなるらしい。目が疲れやすくなった、新聞をちょっと読んだだけで涙が出てきて読みつづけることができない、目をつむると沁みるように痛む、などと訴える人が多いのは、このせいではないかと思う。

ストレスがたまってイライラがつのる。一フロア五〇～六〇人、棟によっては一フロア三〇人が詰め込まれているのだから、気に食わない人間もいるだろうし、他人のちょっとした行動や言葉のはしばしに神経がピリピリ反応する。ときには、怒りが爆発する。

収容体験者から聞いたところでは、公衆電話がトラブルの原因になることが多いそうだ。かけようと思う人は電話機のそばに備え付けられた用紙に名前を記入しておき、行列をつくって順番がくるのを待つ。この順番で毎日けんかが起こる。

各部屋のドアは一斉に開くのではなく、毎日開く順序がかわる。早く開いた部屋の住人は電話の順番表に名前を書き込んで番がくるのを待つことができる。しかし、遅く開いた部屋の人たちは、その日の電話を諦めなければならないこともあるそうだ。

使用時間は一人一回一〇分間という決まりがある。順番がきて受話器をとったら、そばにある時計のボタンを押す。通話が一〇分になると、この時計のアラームが鳴り、制限時間がきたことを告げる。しかし、まだ話が終わっていない場合もあり、順番を待っている者たちから怒鳴り声が上がる。制限時間前でも「早く切れ、くだらない話ばかりするなら、大事な用事がある人に代われ」などと怒号が飛ぶという。

ちなみに、この公衆電話はＫＤＤＩのものである。使用するためにはテレフォンカードが必要だが、巷に有り余っているＮＴＴのカードではかけられない。被収容者が母国にかけるときには便利だろうが、収容所がある牛久市内にかけるにも衛星中継されることになる。だから、料金が非常に高い。専用のテレフォンカードを手に入れてかけるのだが、国内にかけた場合でも、千円のカードが一〇分ほどで空になるそうだ。

シャワーや洗濯機、トイレが原因のもめごともある。洗濯機の使い方が気に食わない、シャワーを使って汚したままで後片付けしない、洗濯の干し方が悪い、トイレの使い方が汚い……ささいなことで、けんかが起きる。激しく言い争うのは日常茶飯事。ときには取っ組み合いのけんかも起きる。

生活習慣や文化の違う人たちが同じ部屋で暮らしているから、生活の時間帯も違う。午後一〇時に消灯となるが、床に入る人もいれば、夜更かしの常習者もいる。消灯と言っても室内灯は消えるものの、監視用のオレンジ色のライトは一晩中つけっぱなしだ。このライトで、本や新聞が読めるというのだから、明るいところで眠れない性質の人は、寝付くのに苦労する。タオルなどで目を覆って眠る人も少なくないという。

部屋が明るいので、他人の迷惑を考えず午前二時、三時までおしゃべりをするグループもある。それがまたいさかいの原因になる。声高にしゃべるのが習慣になっている国の人もいるので、話し方がうるさいと文句を言って、険悪な雰囲気になることもある。

通常の状態なら問題にならないことでも、全員がストレスのかたまりだから、爆発の導火線になってしまうのだ。

●耐える警備官

イライラの矛先が、時には警備官に向けられることがある。彼・彼女らは被収容者のもっとも近くにいるいわば日本国のシンボルのような存在だ。たまりにたまった怒りや不満を、警備官に向かって吐き出したくなることもある。

これに対して、ほとんどの警備官は無抵抗を貫いているらしい。

ある収容体験者が、こんな話をしてくれたことがある。

「センセイ（警備官）たちはえらいと思う。みんなが口汚くののしったり、殴りかかったりする。それでもセンセイたちは、絶対に手を上げるようなことはない。何をされてもじっと我慢している。私が警備官だったら、とても耐えられない。きっと、相手を殴りつけてしまうだろう」

警備官も人間である。いろいろな仕打ちに腹が煮えくり返ることもあるだろう。しかし、彼・彼女らはそれをじっと耐えるのである。被収容者がストレスにまみれている一方で、警備官もストレスにさいなまれているに違いない。

収容体験をもつある女性は、「センセイたちはよい人だった」と述べている。被収容者にやさしく語りかけたり、励ましたり、慰めたりしてくれる。場合によっては、「誰かに仮放免の申請をしてもらいなさい。そうすれば、あなたはすぐに出られるから」とアドバイスすることもある。

●「国際人権デー」の出来事

しかし、彼・彼女らの顔が一変する事態が起こる。

二〇〇四年の「国際人権デー」の出来事だ。第三部で山村氏も詳述しているように、ある収容棟の人たちが申し合わせ、難民申請者の解放および被収容者全般に対する処遇の改善を求めて、その日一日だけ全員でハンガーストライキをしようということになった。収容所にそのことを伝えるとともに、ハンスト参加者の間で「絶対に暴力行為を行なわない」ことを確認した。

当日、みな朝食をとらずに自由時間にパブリック・スペースに出た。昼食の時間になった。彼らは、今日は食事をとらないのだから、昼食時間も部屋にもどらず、パブリック・スペースにとどまることを許可してほしいと希望を出した。その要望は受け入れられず、部屋に入るよう命令された。被収容者は、それでは責任者に直接お願いするから会わせてほしいと願ったのだが、それも拒否された。そこで彼らは警備官の詰め所との境にあるドアに、卓球台などを使ってバリケードを築いた。

しばらくして、このドアが開き、警察機動隊が使うような楯をもった三人の警備官を先頭に、数十人の警備官がなだれ込み、被収容者たちを力ずくで部屋に押し戻し、反抗した者を隔離室に監禁した。被収容者の側に暴力行為を行なわないという申し合わせがあったために、被害は一定程度で済んだものの、それがなければもっとすさまじい事態まで発展していただろう。

このほか、強制送還時に警備官の加える暴行の恐ろしさについても、いくつかの証言を聞いている。こうした暴力は、個々の警備官たちの人間性を示しているのではない。彼・彼女らは職務を実行しているだけなのである。どんなに残酷に見えようとも、彼・彼女らは収容所内の職分として、被収容者を規制する任務を負っている。収容所の制度そのものが、彼・彼女らにそのような行動を課しているのである。

この事件の直後、何人かの警備官が辞職したという噂を聞いた。確認したわけではないが、機動隊まがいの行動に出てはいても、内心で心をいためている警備官もいることは確かである。多くの警備官にとって、収容所は決して働きやすい職場とはいえないのではないだろうか。

（四）崩れ去った医師との信頼関係——収容所の医療の現状

医学的なことは山村淳平医師のレポートに任せるべきだろうが、医師に訴えることのないようなささいな体調の悪化が多々あって、彼・彼女らを大いに苦しめている。

●満足な体調の人は一人もいない

収容されて三ヵ月もすると、たいていの人がストレスから胃痛を訴えるようになる。夜眠れなくなる人も多い。肩が張る、腰が痛い、息苦しいといった不定愁訴的な訴えが、ほぼ全員の口からほとばしり出るようになる。また収容が長引いてくると、もともともっていた肉体的な弱点が表面に出てくる。腎臓の機能がいちじるしく低下したり、心拍に異常が出る人もいる。

収容所内に常駐している医師は、内科医（一名）が週四日、歯科医が週一日の勤務。ときどきカウンセラーも来るという。

体調が悪くなった被収容者は申請書を書いて内科医の診察を受ける。彼・彼女らが医師に訴える症状は百人百様。医師は一人であらゆる病気に対応しなければならない。循環器科、消化器科、泌尿器科、婦人科から始まって、整形外科、外科、皮膚科、眼科と守備範囲には限りがない。これほどの能力を一人の医師に求めるのは無理であることは明らかだ。

しかし、牛久市の入国者収容所に限らず、大阪府茨木市、長崎県大村市にある収容所でも、同じようにたった一人の医師にすべてがゆだねられている。

医務室で症状を訴えるのだが、ほとんどの場合問診だけだという。聴診器をあててもらった経験のある被収容者に出会ったためしがない。話を聞くだけで、薬が処方される。医師の知識経験で判断できない場合、医学書を取り出し、その記述を参考に、「では、この薬を飲みなさい」と渡される。

なぜか、渡された薬が効かないという話を頻繁に耳にする。しばらく服用して薬効がないと告げると、より強い薬が与えられるという。

このことに、被収容者は恐怖感を感じている。病気に適さない薬を与えられ、それがどんどん強くなるとすれば、副作用が心配になるからである。怖くなって服用をやめる人が少なくない。そして、病気治療にもっとも大切な医師との信頼関係がうすれていく。

●薬を飲まないのは反抗⁉

医師が薬を出すと、服用時間に応じ指定の数量の薬が差し入れ口から渡される。そして、服用するかどうかが確認される。恐ろしいことに、渡された薬を飲まなかった場合、「反抗」とみなされるのである。体調が悪いというからその治療のための薬を処方しているのに、「飲もうとしないのは、病気を重くして仮放免をもらうという意図があるからだ」と収容所側は理解するのである。二〇〇四年に筆者が同席した所長面談の際、収容所の職員の口からこの言葉を聞いたとき、あまりのことに仰天した。病気が重くなることを望んでいる人が、なんで医師の診察を受けるだろうか。

もちろん、常駐の医師も自分の手に負えない病気の場合、外部の病院に連れて行って、よりくわしい検査と治療を受けられるようはからうこともある。しかし、最近ではいくら外部の病院での治療を申請しても、ほとんど認められないらしい。多分、健康保険のきかない患者を病院に連れて行けば高額な支払いに応じなければならないので、予算内でとどめようとしているからではないかと思う。

こんな調子だから、医療過誤としか思えないケースが起こる。ある人が運動中に手首を骨折した。本人は重要な部分なので外部の病院での治療を望んだのに、常駐の医師は簡単な添え木をしただけで「二週間もすれば治る」と言ったそうだ。その結果、骨の切断面に筋肉が入り込んでしまった。数ヵ月後、医師はレントゲン撮影の結果を見て「もう治らないから、このまま重い物を持たないように暮らしなさい」と告げたという。当人にとってみれば「もし、ここから出られたとしても、これでは仕事ができない。収容所には居たくはないし、といって外では暮らせない」と大いに悲観していた。

時には精神的に異常をきたすまで追い詰められる人も出る。あらぬことを口走ったり、一日中壁に向かって座りつづけたり、はなはだしくなると自傷行為に走ったり、首を吊ったりする。筆者が面会をつづけていたある中年男性がそのような症状を示したのを目撃した。面会室に入って来たときから、視線がおかしかった。そして、しきりに「先生、有難うございます」と繰り返す。もう半年も面会をつづけてきたので、当然筆者を認識していると思っていたのに、どうやらわが子の学校の先生と思い込んでいるらしい。

突然立ち上がって面会室を出て行こうとする。あわててどこに行くのか尋ねると、「そろそろ娘が学校から帰ってくるので、迎えに行く」という。「娘さんはここには帰ってこないよ」と告げると、いかにも軽蔑したようにこちらをジロリとにらみ「わたしは毎晩娘を抱いて寝ている」と答えた。その様子を見ていて、なぜこんなになるまで収容しなければならないのかと、あふれてくる涙を禁じ得なかった。

（五）引き離された家族を想って——崩壊する家族

家族もちの被収容者にとってストレスがたまる最大の要因は、家族と引き裂かれることである。

●夫婦親子が引き裂かれる

夫婦で収容された場合、男女を同じスペースに収容するわけにはいかないので、男女別の棟に分けて収容され、夫婦が分断される。当然のことながら、収容された夫婦は互いに会うことができない。できるとすれば、面会人が夫婦同時に面会してくれる時だけである。それ以外の時には、互いに手紙をやりとりするしか通信の方法がない。

夫婦のどちらかが収容され、もう一方は一般社会にいるというケースが多いのだが、面会に来られない人が圧倒的に多い。面会できるのは平日だけで、土日・祝日は収容所が閉鎖されて面会できない。平日に仕事を休める人は少ない。まして、外国人という弱い立場で働いている配偶者であるならば、休暇をとるのは難しい。彼・彼女らは常に解雇を恐れながら働いているからだ。夫婦が会うことさえもままならない状態におかれてしまうのである。

親が収容されたからといって、子どもも同じ収容所に入れる訳にはいかない。一般社会に残った片親が子どもの面倒をみるケースがほとんどだが、両親ともに収容されてしまった場合、子どもは児童相談所にゆだねられる。相談所は施設に引き取ってもらうか、里親をみつけて養育をゆだねる。子どもは突然両親と切り離されて、見知らぬ人々の間で生活しなければならなくなる。成長した後の彼・彼女らの心に、この体験が大きな影として残るであろうことは明白だ。

最愛の子どもと引き離されて、平静でいられる親はいない。まして、毎日まいにち暇をもてあましているのだから、ついつい考え事をしてしまう。その度に、子どものことを思い出し、いても立ってもいられなくなる。

あわれなのは乳飲み子と引き離された母親である。一定時間がたつと、彼女たちの乳房が張ってくる。男である筆者には実感できないが、そうなったときの母の心は悲痛なものがあるそうだ。乳房が張るたびに、わが子を抱きしめてやれない悲しみが胸いっぱいにひろがって涙があふれ、絶叫したくなるそうである。

父親も同様だ。毎夜子どもの夢を見て目が覚め、それきり眠れなくなると訴える父親が少なくない。それに加えて、男尊女卑の社会から来た男性は、家族を支え、子どもを養育することが「男の義務」であり、それを果たさない者は男の資格が無いと考える。つまり、「男の面子」が丸つぶれにされてしまうのだ。それが耐えられないと彼らは言う。

父親であれ母親であれ、面会室で子どもの話をする時には、皆うっすらと涙を浮かべるのである。

●収容が原因で離婚につながることも

最近筆者が面会している人たちの中に、収容されたことがもとになって夫婦が離婚の危機に追い込まれるケースがいくつかある。

超過滞在の人でも、結婚することはできる。さまざまな書類を揃えなくてはならないが、市区町村の役所で受理され、法的に夫婦となることはできる。しかし、入管はなかなか夫婦であることを認めようとしない。偽装結婚ではないかと疑うからである。

たとえば、外国籍の夫が超過滞在で収容されたとする。日本人の妻は夫をなんとか解放しようとして、自ら仮放免（後述）の申請人となって出所できるよう努力する。しかし、なぜか、なかなか許可が出ない。三回、四回と申請するのだが、その度に不許可になる。仮放免の許可権を握っている収容所は、ふたりが本物の夫婦であるかどうかを見極めようとしているのではないかと思う。

申請を重ねるうちに月日がたつ。夫は次第にいらだってくる。そして妻につらく当たるようになる。「不許可が出たら、すぐに次の申請を出せばよいのに、一ヵ月もほったらかしにしている」。「申請が認められないのは、お前の書類の書き方が悪いからだ」。「最近面会に来ないのは、ほかに男ができたんだろう」。電話をかけては、妻を責めるようになる。

妻もなんとか生活を維持しながら、夫の支援に必死である。爪に灯をともすようにして貯めたお金を差し入れている。面会に行きたくても、仕事を休むことができない。「書類だって、文章を書いたこともないわたしが死ぬ気で四日もかけて書いた。ほかに男をつくるほど暇な暮らしじゃない」。妻の方にも言いたいことはたくさんある。

ついつい口喧嘩になる。それが何度も繰り返されると、次第に妻の心が冷めてくる。

「仮放免が認められたら、またこの人と一緒に暮らさなければならないのかと思うと、うんざりする」と胸の内を聞かせてくれた日本人の妻もいる。そして、仮放免の申請をするどころか、離婚届を送りつけて署名しろと要求するところまで行ってしまう。携帯電話の番号を変えて夫からの電話に一切応じなくなる。すると、収容所側は「やっぱり、この夫婦は偽装だった」と判断し、夫を送還してしまうのである。

夫がいらだつのも、妻がうんざりするのも、夫婦の一方が収容されたことに原因があることは疑いようがない。

（六）出所できても新たな苦しみが待っている――仮放免と強制送還

このような状況がいつまでつづくのか、誰にも分からない。刑務所ならば刑期が決まっているから、毎日確実に服役期間が減少していく。それが励みにもなる。

しかし、この収容所に閉じ込められている人々には、解放される日が見えないのである。帰国を望む人たちは、その日を楽しみにしながらつらい毎日を過ごすこともできるだろう。帰国したら身に危険が及ぶと考えている人たちには、日々が恐怖の連続である。いつ強制送還されるか分からないからだ。

る。

●仮放免も金次第

だが、この収容所から出る方法がないわけではない。被収容者がもっとも期待を寄せるのが、仮放免である。

仮放免というのは、日本在住は許可しないが、なんらかの理由でこれ以上の収容には問題があるという場合に期限付きで出所が許可される。申請人は本人でも第三者でもよいことになっている。申請するには、申請する理由を記した理由書、身元保証人の保証書、身元保証人の身分を証明する書類一式（住民票、納税証明書、資産を示す預金残高証明など）、出所後の住居の住所と地図などを提出しなければならない。

提出すると、審査にかけられる。結果が出るまでにかかる期間は最近では一ヵ月ほどであることが多い。不許可の場合は申請人に書面で結果が知らされる。許可が出ると、申請人に収容所から電話連絡が入るのだが、その際、納めるべき「保証金」の金額が伝えられる。

収容所の説明では、保証金は仮放免で外に出た人が逃亡した場合、その捜索費用にあてるということである。金額は五〇万円というのがもっとも多いように思われる。なぜだか分からないが、日本人の妻がいる人の場合は高い金額が提示される。百万円というのがひとつの目安のようだ。中には二百万円、三百万円の納入を求められた人も存在する。日本人の配偶者がいると逃亡しやすいのだろうか。夫を収容されて働き手を失った女性が、アルバイトで食いつないでいるというのに、百万円台の工面は難しい。涙を流して「どうしろというのでしょうか？」と訴える妻もいた。

支援者が協力し合ったにもかかわらず保証金が用意できなかったために、折角出た仮放免が取り消されることもある。

この保証金は、当人が帰国するとか、裁判の結果在留資格を与えられたような場合には返却されるのだが、まずこの金額をそろえるのに一苦労する。

●出るも地獄、とどまるも地獄

さて、夢にまで見た仮放免の許可が出て出所し、有頂天でいられるのは、たいして長い期間ではない。実は、仮放免によって彼・彼女らは完全な自由を与えられたのではないからだ。

仮放免の期間は一ヵ月。一ヵ月たったら入管に出頭して、延長願いを提出し、さらに一ヵ月の許可をもらう。最近では、一ヵ月の延長を何度かもらった後で、三ヵ月の仮放免をもらうケースが見られるようになった。

出頭するたびに、小旅行の許可願いも提出しなければならない。彼・彼女らは居住している都道府県内を移動するのは自由だが、いったん県境を越えて移動する場合には、前もって入管に申請して許可を得ておかなければならない。もし県境を越えた場所で調べられ、その地域に行く許可を得ていないことが分かると、ただちに拘束される。実例は知らないが、収容所に逆戻りになると言われている。

もっとも深刻なのは、仮放免中は仕事をしてはならないことである。悠々と暮らしていけるほどのたくわえがある人なら問題はないが、たいていは僅かな所持金だけで収容され、収容期間中にその金を使い果たしてしまっているから、改めて生活を築きなおすほどの資金はもっていない。

出所したその日から、食べていかなければならない。アパートに入るにしても、権利金や敷金が必要だ。

最初は支援者や知人、親戚などが面倒をみるだろうが、すぐに自立して生きていかなければならない。なのに、働くことが禁じられているのである。どうやって生きていけというのだろうか。

このことが、出所した人々の新たなプレッシャーになる。なかにはそのプレッシャーに負けて、「こんなことなら、中にいればよかった」と愚痴をこぼす人もいる。

なんとか食いつなぎながら、決められた出頭日に延長許可をもらうために、入管に行く。その際、彼・彼女らは「仮放免を延長しない」と言われたらどうしようかという不安を胸にかかえている。収容所にとどまっても、出所しても、彼・彼女らがストレスから逃れることはできないのである。

●強制送還の恐ろしい現実

では、強制送還はどのようになされるのだろうか。それはある朝、突然彼・彼女らを襲う。早朝、ドアが開いて三〇人ほどの警備官がどかどかと部屋に踏み込んでくる。関係のない人たちを制圧している間に、五～六人の警備官がめあての被収容者を毛布ごとくるみ、部屋の外に運び出す。そして、別室に連れて行って強制送還することを宣告する。

まったくの不意打ちである。知人に連絡することも、弁護士に助けを求めることも許されないまま、手錠と腰縄の状態で車に乗せられ、成田まで運ばれる。

強制送還はいやだと歯向かう人もいる。二〇〇六年の二月に、強制送還を宣告された人が反抗しているうちに頭にけがをし、血が流れ落ちているのもかまわず空港に連行し、飛行機に乗せようとした事件があった。ところが、こんな状態の人を乗せるわけにはいかないと機長が搭乗を拒否したため、しかたなく収容所に連れ帰った。法務省の管轄化にある機関が、国の行為として実行しようとした送還が、一機長の拒否で実現しなかったという情けない出来事であった。送還を拒む人に薬物を投与しているという噂もある。

送還された人が、帰国後、その国でどのような扱いを受けているかについては、収容所側はまったく意に介さない。二〇〇四年に強制送還された複数の人たちが、その国の空港に到着したことは確か（警備官が同行するので、帰国したことは疑いようがない）だが、支援者たちが実家に連絡して調べたところ、その後の行方がまったく分からないという出来事があった。拘束された可能性が高い。

そうした事態が起きてしまったことについて、どのように考えるかと収容所側に質問したところ、「われわれの任務は、すみやかに全員を帰国させることであり、帰国後のことについてなんら責任を負わない」との説明だった。

＊＊＊

まだまだ記すべきことは多々あるが、紙数がつきた。報告を終えるにあたり、仮放免で出所した一人の証言をご紹介したい。一年三ヵ月ほど収容されていた人である。

仮放免後、親切な支援者が自宅にひきとってくれた。一室を与えられ、一晩過ごした。翌朝、家人が食事の用意ができたと知らせてくれた。ドアの前まで行った。ドアの前に立っているのに、部屋から出られない。ドアが開かないからだ。しばらくドアの前に立っていた。自分を呼ぶ声が何度も聞こえた。しかし、部屋を出ることができない。ドアが閉まっているからだ。

あまりに応答がないことに不安を感じた家人が様子を見にきてくれた。それでドアが開いたので、やっと部屋から出られたというのである。

つまり、この人は長い間自動で開閉されるドアのあるところで過ごしていたために、ドアというものは自分で開けて出入りするものではないと思い込んでしまっていたのだ。

さらに食後、庭に出るように言われた。しかし、いくら呼ばれても、敷居を越えて外に出ることができなかった。建物の外に出ることはできない、出ようとすれば罰せられるという観念が定着していて、心のブレーキを乗り越えることができなかったのだという。

さて、読者の方々は、このような収容所が基本的人権の尊重を憲法で声高く宣言している日本の国内に存在することを、どのように感じられるだろうか？

三　日本の外国人政策と入管収容施設

高橋　徹

(一) 外国から来たお隣さん

ちょっと前まで、在日外国人といえば、欧米人をのぞけば韓国・朝鮮人を中心とした旧植民地出身者を指していた。一九七五年以降、最初のベトナム難民が日本に流れ着き、一九七九年インドシナ難民受け入れが開始され、一九八一年には日本は難民条約を批准した。八〇年代の中頃から、はじめは女性そして後には男性の外国人出稼ぎ労働者の流入が始まった。フィリピン、タイ、イラン、韓国、バングラデシュ、パキスタンなどからたくさんの人たちが仕事を求めてやってくるようになり、建設現場や町工場、あるいはスナックなどで働くようになった。一九八〇年代の中頃から九〇年まで、外国人労働者の受け入れについて、法務省は排斥、当時の労働省は受け入れの方針を出し、国論を二分した。一九九〇年の入管法の改定でいわゆる「単純労働」をする外国人労働者排斥の方針が固められ、これ以降、日本政府は外国人労働者を非合法状態に押しとどめ続けてきた。その代わりラテンアメリカなどの日系人を労働力として受け入れることを方針として打ち出した。そのため一九九〇年以後、ペルー、ブラジル、ボリビアなどから多くの人々が日本に仕事を求めてやってくるようになった。またこのころから、民主化運動への弾圧を背景にビルマや中国から日本へ庇護を求めてやってくる人たちが現れ始めた。海外からの研修生も積極的な受け入れが始まった。さらに中国残留邦人の帰国も始まりその呼び寄せ家族が日本にやってくるようになった。最初は出稼ぎと見られ、一時的な現象と見られていた外国人労働者も年を経るにしたがって、いずれは祖国に帰りたいという当事者たちの当初の思惑にかかわらず、また外国人労働者受け入れを拒みたいという日本政府の思惑にも反して、定住化が急速に進んでいった。九〇年代後半の難民申請者の流入はビルマ、パキスタン、トルコ、アフガニスタン、中国などの国から二〇〇〇年代になっても続いている。そして、少子化が語られる中で、新たな枠組みでの海外からの労働者の受け入れが開始されようとしている。これらの経過を見ると、海外からの人の移住は一時の社会現象ではなく、恒常的なものだという事がわかる。

(二)外国人排斥と収容施設内での処遇の悪化

しかしながらこれに対する日本政府の対応は、けっして寛容なものであったとはいえない。一九九二年のバブル経済の崩壊以降には、外国人を危険な存在であるかのように印象づける情報が、警察や入管から日常的に流されはじめ、それとともに、多くの外国人が摘発を受け、強制収容され、強制送還された(このような外国人犯罪者増加キャンペーンに根拠となる犯罪統計が存在しないことを指摘しておく。外国人差別ウォッチ・ネットワーク編『外国人包囲網』(現代人文社、二〇〇四年)参照)。また入国審査も、アジア、アフリカ、ラテンアメリカ出身者に対しては審査を強め、入国を拒否するといった水際作戦を行なってきた。この結果、一九九一~九四年にかけ、入国管理局の収容施設は、絶えず過剰な状態となり、被収容者に対する劣悪な処遇や、暴力的な取り扱いが頻発し、社会問題となった。一九九〇年後半ごろから難民申請の不許可とともに強制収容される申請者が急増し、その多くは入管収容施設に無期限・長期収容される事件が急増した。無期限・長期収容は、入管職員と被収容者との摩擦を生み、入管職員による被収容者への暴力的取り扱いを誘発する一方、強制収容された被収容者の心身をむしばみ自傷行為や自殺未遂事件が多発した。そして同時に収容施設の医療体制の問題を浮き彫りにすることとなった。

その後入国管理局側の努力もあり、収容施設の状況はいったん落ち着いたかに見えた。しかしこの状況は二〇〇三年になり、再び振り出しに戻ることになる。二〇〇三年一〇月一七日、東京都・警視庁・法務省入国管理局・東京入国管理局より、「首都東京における不法滞在外国人対策の強化に関する共同宣言」が出され「不法滞在者を今後五年間で半減させる」として外国人狩りを宣言した。さらに、二〇〇四年二月一六日に入国管理局の始めた「メール通報制度」は、ホームページ上の受付書式に従い「違反者だと思われる人」の名前や国籍、住所、電話番号、職場、人物を特定できるものなどの個人情報を入力すれば、自動的に管轄の地方入国管理局に電子メールで送信され、匿名で誰でも気軽に情報を提供できるというものである。密告による外国人狩りの時代が始まったのである。

二〇〇六年通常国会において「出入国管理及び難民認定法(以下、入管法)」の一部を改定する法律案が可決成立し、二〇〇六年五月二四日に公布された。「テロの未然防止」の名のもとに外国人管理を強める内容のもので、①入国審査(上陸審査)時に、一六歳未満、特別永住者、外交・公用の目的で来日したものをのぞく外国人からバイオメトリクス・データ(指紋採取、写真撮影など)を採取する、②テロリストのおそれがあると認定された外国人の退去強制を可能にする、③希望者は指紋・顔写真情報を事前に登録することにより、出入国審査がスムーズに通過できる自動化ゲートを設置する、などとしている。

こうした、外国人を敵視した法案や制度が次々につくられるなかで摘発収容される外国人の数は急増し、再び収容施設内での暴力的な取り扱いがわたしたち外部の者の耳に伝わるようになってきている。また、施設の状況悪化と同時に、一般社会に溶け込んだ外国人の生活も少なからず脅かされており、ある支援者は次のように証言している。

「母娘の二人暮らしの家族、もう超過滞在七年目になります。警察や入管の摘発部隊がときおり町にやってくるので、ついに今まで住んでいたアパートを放棄し、今は友人の家の屋根裏部屋に逃げ込んでいます。まるで『アンネの日記』のようです。ここから少女は学校に通っていますが、自転車には乗らないようにしていると言っています。自転車に乗っていると警察に声をかけられることがあるからと……」

(三) 収容施設の役割

日本に在留する外国人は、「入管法」と「外国人登録法(外登法)」とふたつの法律で管理されている。いずれも外国人管理を目的とした法律で、外国人の権利を定めたものではない。外国人の人権については現状では日本国憲法の、人権に関する考え方を準用するか、日本も加盟する条約などにうたわれた国際人権基準に基づいて判断することになる。本来は、在日外国人の権利について定める「外国人人権基本法」が必要であるし、そうした声も上がっているが、残念ながら現状はそうなっていない。ただし、社会で生活を営む外国人の人権問題全体を扱うことは本書の趣旨からそれるので、ここでは外国人の収容という点に絞って、考えていく。

日本は在留資格制度によって外国人を受け入れている。在留資格とは、簡単にいえば日本がどのような外国人に在留を認めるかについて、その外国人が日本で行なおうとする活動の観点から類型化して入管法に定められたものである。この在留資格制度は外国人の権利の観点から定められた制度ではない。むしろ、在留中の外国人の活動に制限を加えることを目的とし、そのように機能している。たとえば観光の活動は、在留資格「短期滞在」に含まれ、この在留資格では「臨時の報酬」を受ける活動を行なう場合を除き、働くことは認められていない。

外国人労働者の多くはこの観光ビザすなわち観光目的の在留資格（「短期滞在」：通常は九〇日間）で入国し、超過滞在の状態で働き続けている。在留期限を越えていることと、在留資格で認められた以外の活動、すなわち労働をしたため、入管法違反となる。超過滞在者の他、入国にあたって入管に提出した書類に偽造や虚偽の申請を行なったなどの疑いをもたれると、在留資格が取り消されたり、在留期間の更新ができなくなったりして、収容されるなど強制送還の手続きに入る場合がある。

彼・彼女らは通常入国管理局の摘発の対象になっており、摘発されれば入管収容施設に強制収容され、強制送還のための手続きが始まる。強制収容の目的は強制送還の確保の点にあり、入管収容施設とは容疑者も含む入管法違反者を強制収容するための施設を指す。

日本の入管の収容施設は長期の収容を想定した「収容所」と、各地方入管の管轄下にある比較的短期の収容を想定した「収容場」の二種類がある。ここではこの両方を指す言葉として「収容施設」という用語を使用する。収容所は長崎県大村市にある「大村入国管理センター」、大阪府の茨木市にある「西日本入国管理センター」、茨城県の牛久市にある「東日本入国管理センター」の三ヵ所、総収容定員一八〇〇人、一方収容場は各地方入管局・支局一五ヵ所、総収容定員一六一〇人。収容施設全体で一日あたりの被収容者はおよそ二〇〇〇人である。

（四）強制収容の問題

次に入管施設の抱える問題点を四つに分けて整理してみたいと思う。

①全件収容主義

第一に、現行の入管行政は原則として全件収容主義をとっている。つまり収容に適するか適さないかの判断を基本的に行なわないシステムとなっている。もちろんこれは原則の話であって、たとえば自ら出頭して帰国を求めるものは収容されないし、最初の難民申請については結論が出るまでの間は仮の滞在が認められたりしている。しかし強制収容の基本的な考え方は、今も変わっておらず、収容に適するかどうかの判断を行なうシステムにはなっていない。そのためどう考えても収容には適さない人たちも収容されることになる。具体的には、労災治療中、高齢者、妊婦、心身の障害・病人、未成年者、裁判係争中の者、などが強制収容されている。

たとえば難民申請者の場合、日本への入国は観光目的を装う場合もあるであろうし、やむを得ず偽造のパスポートなどを利用して脱出してくる場合もあるかもしれない。難民とは本国にいると迫害されるおそれがあることから、日本に庇護を求めてやってきた人たちである。難民条約により、日本は庇護を求めてきた人たちの入国・在留を認め、保護する責任を負っている。しかしながら、このように救済されるべきはずの難民申請者もいったん不許可が出て、不服として裁判で争っている場合には強制収容及び強制送還の対象になっているのが日本の現状である。

一般には「不法滞在者」などと呼ばれるが、現実の彼・彼女らの多くはまじめに日本での在留を考えている人たちなので、犯罪者扱いは適切ではない。ここではこれら強制送還の対象になっている外国人を非正規滞在外国人と呼ぶことにする。

②無期限・長期収容

次に無期限・長期収容の問題である。帰国費用が捻出できない、帰国先が無い、帰国に同意していないなどの場合、無期限・長期の収容におかれることがある。収容令書による収容は三〇日間、延長しても合計で最大六〇日間が上限である。しかしいったん退去強制令書が発行されると、退去強制命令による収容には上限の定めがない。これが無期限・長期収容を可能にしている法的根拠である。強制送還の手続きにのせられた被収容者は、送還に同意して帰国するか無期限・長期収容に甘んじるかの選択が迫られることになる。日本の入管システムは、無期限・長期収容におくことによって、その人にどんな事情があろうが、送還に同意せざるを得ないような状況に追いやり、送還に強制力を持たせる仕組みをとっている。しかし、このような状況におかれている人たちは例外なく何らかの帰国できない事情を抱えている。送還先で迫害を受けるおそれがあったり、日本に配偶者や子どもがいて、日本での生活を望んでいる等の場合である。

③未成年者の強制収容、収容による家族の分離

三つ目の問題点は、未成年者を抱える家族の扱いについてである。一九九九年ごろ、大阪で外国籍の未成年者が相次いで強制収容されるという事件が表面化し社会問題になった。大阪のとよなか国際交流協会は「すべての子どもの発達および教育を受ける権利を守るためのネットワーク事業」を一九九九年末に立ち上

げ、子どもたちの学びと発達を保障するために、子どもたちの強制収容は「子どもの権利条約」違反であることなどを指摘し、未成年者の強制収容をやめるように入管に働きかけた。これ以降、弁護士や支援者がついている場合は在宅のまま退去強制手続きを進める場合が多くなった。しかし、弁護士や支援者がつかない場合は、親の収容に伴って子どもが児童相談所に保護されたり、入管の収容施設に親子ともども強制収容される。

またこのような動きの中で、父親のみを強制収容し、母親と未成年の子どもたちが収容されずに在宅のままにおかれることがある。在留を求めての様々な手続きの間、このような状態に甘んじなければならない。一家の稼ぎ手を人質に取り、在留を断念させ、強制送還を確保しようとする目的で家族を分離させるのは、いわば家族の兵糧攻めを行なっているといえる。

④入管職員による被収容者への虐待

収容施設における四つ目の問題点は、入管職員による被収容者への虐待である。強制送還の手続きは入管法をその根拠とし、入管収容施設の処遇に関しては、被収容者処遇規則によって処遇が定められているほか、処遇細則が存在する。これらの規則や細則は公開されているが、運用や処遇の実態については、ほとんど公開されておらず、収容施設は相変わらず密室の状態となっている。一九九四年以降、外国人を支援する人権団体の調査により、強制送還の手続きや入国段階の審査手続きが人権侵害の温床となっていることが明らかとなってきた。入管収容施設内の処遇をめぐる人権上の問題点は多岐にわたる。ここでは簡単にその要点を整理する。

まず入管収容施設において職員による被収容者への暴行・非人道的な取り扱いがなされている現状を指摘せねばならない。裁判での証言、聞き取り調査、支援者からの報告から、入管施設内での職員による被収容者への暴行の手口を整理する。

居室から連れ出し取調室に連れて行き、足で蹴る、殴る、足払いをして腰から落とす、体を持ち上げて床にたたきつけるといった行為を被収容者が正座して土下座するまで執拗に繰り返すなど。使われる道具としては、金属手錠、皮手錠、捕縄、舌噛み防止器具、毛布、竹刀、革のグローブなど。暴行は多くの場合、収容施設内での些細な規則違反を職員がとがめ、それがエスカレートしていく形でなされる。些細な規則違反とは、夜中にタバコを吸った、夜中にゴキブリをたたいてうるさくした、処遇改善を訴えて騒いだなど。発生した事件のいくつかが国家賠償請求で争われたが、このような暴行事件に対し、法務省入管局は「正当な制圧行為」として、その違法性を一例をのぞいて認めていない。また、入管内職員によるシャワー中の覗き見や、女性被収容者の体を触るといった性的嫌がらせ、さらにはレイプなどの証言は古くから報告されている。該当職員が処分されたり刑事事件として告発された例も報告されている。

また暴行を加えた後、隔離室に連れて行きそこに放置したり、隔離室そのものが暴行の舞台ともなる場合もある。隔離室（保護室）とは自殺や自損行為のおそれのある者や、職員に反抗したり、他の被収容者をあおったりした者などを入れておく目的の房である。三畳ほどの狭い部屋で、二四時間の監視におかれている。トイレや流しは床に埋め込まれていて、部屋には出っ張ったところがない。トイレの水さえ自分で流せない。職員が外からペタルをふんで水を流す仕掛けになっている。「トイレットペーパーがなく、用を足したらそのままでいるしかなかった」と語る人もいる。一九九三年、片足のイラン人、ナビディさんは取調室で暴行を受けた後、パンツ一枚の裸にされて、手錠で隔離室の鉄格子につるされたと証言している。

（五）改善への内部努力

●以前より和らいだ入管の密室性

施設内の職員によるこのような数々の被収容者虐待事件を「正当な制圧行為」としてすり抜けてきた入管局ではあるが、それなりの解決への努力はみられる。たとえば「不服申立制度」が導入されたり、収容施設から外部への電話に関する規制が緩和されるなど、入管施設の密室性は以前より和らいでいる。またささやかではあるが、職員向けの人権研修にはＮＧＯのメンバーが呼ばれたり、国際人権に詳しい学者による研修が行なわれるようになった。以前多発していた女性被収容者に対する男性職員による性的虐待・ハラスメントは最近では聞こえなくなった。さらに二〇〇五年になって、無期限・長期の収容状態におかれていた被収容者を相次いで仮放免する措置が執られた。被収容者の人権に配慮した結果として歓迎すべきであろう。なお、日本政府は一九九九年に「拷問等禁止条約」に加盟した。「自由権規約」「子どもの権利条約」「人種差別撤廃条約」などとともに「拷問等禁止条約」の国際基準は、収容施設の改善に寄与する可能性を有している。なお戒具については二〇〇三年に皮手錠が伸縮性を備えたものになり、被収容者の手首への圧迫が多少考慮されるようになったが、捕縄に関しては芯にワイヤーが通されたものが採用され、腹部に与える苦痛が一段と強くなっている。

●不服申立制度

二〇〇一年一一月に入管法にもとづく「被収容者処遇規則（法務省令）」の一部が手直しされ、被収容者の処遇に関していくつかの改善がなされ、「不服申立制度」が導入された。この制度によれば被収容者は、自身の処遇に関する入国警備官の措置に不服があるとき、その日から七日以内に、所長等に書面により、その理由を申し出ることができる、とされている。しかし、残念ながらこの制度はまともに機能していない状況があるようだ。

二〇〇三年五月三〇日朝日新聞の報道によると、入管施設内での職員による被収容者への暴行・虐待などの不服が六八件あった（申立の件数は二〇〇一年が二〇件、二〇〇二年が三三件、二〇〇三年は一～三月で一六件。うち一件は取り下げ）。不服申立があると、入管施設の所長は調査を行ない、処遇を改善するか、申立に根拠がない場合は「理由なし」の決定をしなければならない。しかしながら、入管側はいずれも「根拠がない」として退ける決定をしており、不服を受けて処遇の改善したものは一件もなかった。不服を内容別にみると、職員による制圧・暴行が五件、侮辱・虐待・無視が一二件（言葉による侮辱、スリッパの上に食事を置く、お願いしても改まらない、時計を壊されたなど）、施設内の医療が不適切・不満八件などとなっている。「早く帰国したい」など制度の対象外の内容もあるが、「複数の職員から暴行を受けた」「心ない言葉で傷つけられた」と深刻なものも少なくない。また施設の処遇の意見聴取に関しても「意見箱に意見を書いても、事情を聞きに来ない改善されない、不服や異議に対応する職員を配置しろ」などが四件。六八件のうち二三件は不受理を不服として法相に異議を申し立てたものの、すべて却下されている。これらの内容を見ると、職員の人権感覚のなさ、対応のまずさをうかがい知ることができるが、具体的にどのように調査され、本人にどのように説明されているのか、これらの資料からはわからない。

●電話は自由にかけられるようになったが…

面会、手紙、電話による外部へのアクセスは、収容施設の透明性を確保するうえで欠くことができない。支援者、本国の領事館、弁護士へのアクセスは制限されてはならない。施設からの外部へのアクセスは、一時より柔軟な運用が模索されているようにも見受けられる。たとえば一般の人の面会について、以前はかならず職員の立ち会いがついたが、現在いくつかの施設では、立ち会いなしで面会が試行されている。

また被収容者が外部に電話をかけたいとき、数年前までは申請書を書き、許可をもらってからでないと電話はかけられなかったし、実際電話をかけるには入管職員の立ち会いがなければならなかった。しかし最近では比較的自由に電話をかけさせる運用がなされるようになった。ただし、実際の運用は時間的な制限があり、全く自由にかけられるという状況ではない。たとえば牛久市の入国者収容所では外部への電話は九時～一一時半までと一三時～一六時半までと所内の規則で定められている。この時間帯だと仕事中の外部の友人に電話することができないし、時差のある母国に電話することもできない。これに対し収容所側は、「外部への電話を認めるかどうかは、あくまでもその時々の状況判断でこちらが許可するのであって徐々に自由化しているわけではない。この認識で今後もやる」との見解を示している。また、人権侵害が発生するおそれが高い隔離室（保護室）収容中は外部への電話、面会、手紙などは現状においても一切認められていない。これらは、外部交通権が被拘禁者の権利であるという認識の欠如を自ら暴露したものといえる。

（六）今も続く暴行事件

この節では職員による、今もなお続く被収容者への暴行について、入管にその責任が問われているもののいくつかを事件別に整理する。

●ミールさん暴行致死事件

一九九七年八月に東京入管第二庁舎でイラン人男性、ミールさんが突然死亡するという事件が発生した。事件直後に赤羽警察署が捜査し、傷害致死容疑で入管職員八名を送検したが、東京地検はこれを不起訴処分にした。搬送された病院で撮られた死体の写真を見ると、体には無数のアザや傷跡があり、手足などには縛られた縄や手錠の跡が生々しく残っていて、拷問のすさまじさを物語っているように思われる。一九九八年一〇月、遺族によって、国家賠償を求めて訴訟された。以下は、裁判で明らかにされた現場にいた入管職員の証言を整理したものだ。

「職員らは夜中にライターを使用したという規則違反を説諭するために、深夜ミールを居室から出し、別室に連れて行った。この件に立ち会っていた警備官は五人。別室で金属手錠を後ろ手にかけ、皮手錠で固定し、足は捕縄で縛り付けた。足を縛った捕縄を手錠に回し、引き絞って、エビぞりにした。次に毛布でくるみ、さらに縄を巻き付け、す巻き状態にした。その状態で隔離室に連れて行き、横たえた。隔離室で上半身を起こそうとしたところ、ミール自ら頭を打って死亡した」

せまい隔離室にす巻きにされたミールさんを囲んで五人の警備官がいたのに、だれ一人彼が頭を打った瞬間を見ていないと入管側が主張しているは極めて不可解である。そして、誰がどう考えても上記のようにぐるぐる巻きにされた状態で、自らエビぞりのようにして頭頂部を打って死ぬなどということは不可能なことである。

その後、弁護団は、同じ収容場にいた別のイラン人から「職員から暴行を受けて死亡した」との目撃証言を得、す巻きにされたミールさんを職員が共同で抱え上げ、壁に頭からぶつけ死亡させたという推定のもと、二〇〇三年三月、職員八人を不起訴とした東京地検の処分を不服として、東京第二検察審査会に審査を申し立てた。審査会は、「不起訴不相当」の結論を出した。しかしその後、検察は再び不起訴の決定を出した。

遺族によって国家賠償請求裁判が争われたが、地裁、高裁（二〇〇五年一〇月六日）とも遺族側が敗訴している。

日本の公務員の手によってなされたとしか考えられない一人のイラン人の死に、司法はついに救済の手をさしのべることはなかった。

●す巻き送還事件

二〇〇四年一一月七日、大阪府茨木市の入国者収容所でベトナム人女性（以下Gさん）がす巻き状態で送還される事件が発生している。以下、本人から聞き取りを行なった支援者からの報告である。

「一一月七日の一時過ぎ、部屋に入管職員がやってきて『仮放免の結果を伝えるから、一階に来い』と言われ、部屋を出る。一階に行くといっぱいの書類を並べられ、『強制送還するから書類にサインしろ』と言われた。拒否すると一〇人くらいの職員がやってきて、床に毛布を敷き、その上にGさんを押し倒した。手には金属手錠、足は捕縄で縛られ、腰から下は毛布と捕縄で巻かれた。そのまま職員たちに担がれてマイクロバスに乗せられ、関西国際空港まで連れて行かれた。搭乗時間が来ると、Gさんは『乗りたくない』と言って抵抗するが、マイクロバスから飛行機に六人くらいで担いで運ばれた。機内では何度も床に落とされ、一番奥の席まで四人くらいが引っ張っていった。Gさんが『帰りたくない』などと声を上げると、職員たちは一人が膝で腹部に乗り、二人が足を、一人が金属手錠で拘束した手を、もう一人が顔と首を押さえ、三人掛けの席に横にして押さえつけた。座席に押さえつけた上で、口に棒のようなものを噛ませようとした。この棒は直系約三cm、長さ二〇cmほどの大きさで、全体に布が巻かれており、両端にひもが付いているものだった。飛行機が離陸して二〇分か三〇分して金属手錠なども解かれた。手も足も傷のため腫れていた」

●暴行・医療ミス国家賠償請求事件

「暴行・医療ミス国家賠償請求事件」とは、茨城県牛久市の入国者収容所内において、入管職員から暴行を受けたり、適切な治療を受けられなかったことなどで、後遺症が残ったり、あるいは著しい精神的苦痛を負った外国人三人が、国に対して国家賠償責任を追及するため起こした訴訟である。提訴に際し弁護団（団長：鬼束忠則弁護士）は二〇〇五年一二月二七日に行われた記者会見において次のように述べている。

「入国者収容所の東日本入国管理センター内における職員による暴行及び医師の診療ミスの責任を追及するものとしては、本邦初のものである。特に、同収容所に収容されている外国人に対する医療は、極めて不適切なものということは、入管問題に携わっている弁護士、NGOなどの間では周知の事実であった。今回、初めてその点にスポットを当てることになるのが、本件訴訟の大きな意義といえる」

以下、この訴訟で争われる三つの事件の経緯について弁護団が記者会見時に示した資料を引用する。

●第一の事件　原告A氏、パキスタン国籍、五六歳

（1）A氏が入管センターに移送された数日後、入管センター職員数人が、A氏に対し、強制送還承諾書に署名するよう迫り、これを拒否したところ、首を机に押しつけたり、首を前後左右に振り回したり、首の後ろを殴るなどの暴行を、数十分間にわたり、加え続けた。

（2）本件暴行後、A氏は、首や左腕に、痛みやしびれを感じるようになった。

（3）A氏は、本件暴行の翌日から、痛みやしびれの症状を、入管センター職員らに訴えたが、入管センターの医師は、触診も行なわず、長期間、何らの治療も施されず、A氏は放置されていた。その間にA氏の症状が悪化した。

（4）その後、入管センターの外部の病院で、MRI（X線を使わず磁場と電波を使って体内を見る医療機器）の画像を撮影した結果、椎間腔狭窄及び左側神経根の圧迫という所見がみられ、「頸部椎間板症」あ

るいは「左頸椎症性神経根症」の診断がなされた。

（5）パキスタンに強制送還された後、現在も、A氏においては、首や左腕の痛みやしびれが続いている。痛みやしびれの症状があまりに強く、仕事に就くこともできない状態である。

●第二の事件　原告B氏、トルコ国籍、三五歳

（1）二〇〇四年四月二日夕方、入管センター内のB氏らが起居していた区域において、B氏を含む被収容者らと入管センター職員との間で、同センター内の処遇をめぐり口論があり、被収容者らと職員との間でもみ合いが起きた。B氏は、同人の居室の隣室前付近にいたが、入管センター職員らがB氏の身体を強く押したため、B氏は隣室の内側に仰向けに倒れ込み、その際、腰を強く打ちつけた。このため、B氏は、気を失い、気づいたときには病院に運ばれていた。

（2）その後、B氏は、強い腰の痛みにより、歩行ができなくなり、数ヵ月にわたる車椅子生活を余儀なくされた。

（3）車椅子を使用することになったB氏は、入浴や洗濯が困難な状況にあったが、入管センター職員は、B氏を助けようとはしなかった。たとえば洗濯した衣類を洗濯機の上に設置された乾燥機に移すことができなかったため、職員に対し、自分の代わりに乾燥機に移してくれるよう頼んだが、職員は、「それは自分の仕事ではない」と言って拒否した。そこで、B氏は、入浴や洗濯が困難であるとの申し出を行ったが、これに対する入管センターの回答は、約二〇日後の医師の診断を見て判断するというものであった。

（4）B氏は、事件当日に救急外来で、その翌日に整形外科で診察を受けたが、その後も腰の痛みが消えず、歩行もできなかったことから、数回にわたり、外部病院での整形外科の診療を希望した。しかしながら、入管センターは、変形による疼痛はあり得ないとの誤った判断から、B氏が二〇〇四年六月に仮放免を許可されるまでの間、整形外科医の診察を受けさせなかった。

（5）さらに、入国管理センターの医師は、腰の痛みを訴えるB氏に対し、不適切かつ過剰の薬物投与を行なった。

（6）B氏は、以上の結果、腰痛の症状が著しく悪化し、腰部・下肢痛、大腿神経・座骨神経障害、運動可能領域制限等の後遺症を負っている。

●第三の事件　原告C氏、イラン国籍、四〇歳

（1）二〇〇四年五月二一日午前、C氏を含む被収容者が収容所の運動場でサッカーをしていたところ、被収容者の一人がケガをし、倒れたまま動けなくなった。被収容者らは、車椅子を使ってケガ人を居室房まで運んだ。しかし、ケガ人を病院に連れて行く入管センター職員が来てくれないため、別の被収容者が職員を呼ぼうとして、扉の傍の非常ベルを押した。この行為を理由に、多数の入管センター職員が、非常ベルを押した被収容者を懲罰室へ連れて行こうとしたため、その場にいた被収容者らが抗議をした。C氏が、入管センター職員が開けたドアから職員がいる側に出ようとしてドアを引いたところ、職員らは、無理矢理ドアを締めようとして、C氏の右手がドアにかかっているにもかかわらずドアを引っ張り、C氏の右手の指をドアに挟んだ。その後、C氏は激しい指の痛みを感じ、入管職員

に訴えたところ、右手中指を骨折していることが判明し、入管センターの看護婦から、包帯を渡された。包帯を巻くのはC氏自身で、指を固定するものはなかった。

（2）C氏は、その後も指が痛いので、外部病院の整形外科での受診を希望したが、連れて行ってもらえなかった。入管センターで受けた治療は、包帯を貰うことのみで、その包帯もC氏自身が巻いており、医師による固定は行われなかった。また、医師によるリハビリもなされなかった。結局、C氏の指は、変形してしまった。

（3）現在C氏は、指の変形、右中指の疼痛、痛覚過敏などの後遺症に苦しんでいる。

（七）人権侵害を避け、適正な手続きで

入管収容施設、刑務所、拘置所、精神医療施設など、人の身体を拘束する拘禁施設ではときとしてこのような人権侵害の発生が報告されている。どうしてこのようなことがおこるのだろうか。

アメリカのスタンフォード大学で、学生を囚人グループと看守グループに分けて、大学地下室に作られた摸擬監獄で二週間生活させるという実験がなされたことがある。しかし実験は六日目で中止を余儀なくされた。看守役の学生たちが日を追うごとに傲慢になって、容赦ない虐待をするようになり、それに囚人役が反発し始めたからである。これはただの実験であり、看守になるか囚人になるかは、投げたコインの裏表で決めただけだ。この報告を引用した著書のなかで、霊長類学者のド・ヴァール氏はイラクのバグダッドにあるアブグレイ刑務所でおきたアメリカ軍兵士がイラク人被収容者を虐待した事件にもふれ、人間の持つ「よそ者を毛嫌いするあまり、相手の人間性を否定する傾向」について指摘している。

人の自由を奪う施設はどんなものであれ、人権侵害が発生するおそれをはじめから内包しているという前提に立たなければならないという良い教訓だと思う。「あってはならない」ことだが、「いつでも起こりうること」という理解をしたうえでシステムを考えなければならない。収容施設内で起きてきた数多くの職員による被収容者への暴行事件をはじめとする人権侵害を無かったものとして糊塗し、被害者の救済さえもしない現在の法務省入管局の一貫した対応は、一定の内部努力にかかわらず、問題解決への道を閉ざし最悪の事態の再現を招いている。

グローバル化の進展に伴い、金や人が易々と越境し、インターネットの普及により情報も簡単に越境するようになった。このように国境による人の管理に揺らぎが見える中で、外国人管理を厳しく再構築しようとする動きは、為政者側の危機感の表れだと指摘する意見もある。しかしながら、今後日本の外国人政策がどのように変わろうとも、国家という枠組みがある以上、出入国管理は存在し続け、どのような枠組みであろうと強制送還される人たちや、そのために強制収容される人たちが出てくるのは避けられない。

現状でも年間数万人の外国人が、入管の強制送還の手続きを経て出国している現実がある。この過程での人権侵害は、国際的な友好と信頼をも傷つけるものであることを絶えず心にとめていかなければならない。だとすればその手続きは法の執行が明示された基準に則って行なわれることを保障しなければならない。さらには入管収容施設の処遇を、国際人権基準に則り改善していくことである。またそのための職員の研修の機会と適正な配置が求められる。

強制収容の目的は強制送還を確保するための身体拘束である。この目的を超えた権利制限を行なわないようにする必要がある。さらに、身体拘束に伴う人権侵害を考えるならば、収容によらない強制送還確保のシステムも作らなければならない。被収容者の人権を保障する責任は、身体を拘束している国側にある。被収容者の持つ不安や問題に関し、適切な対応がなされるよう、被収容者の個別のケースワークをする体制を作る必要がある。全件収容主義を廃し、在宅のまま強制送還の手続きが行なえるようにシステムを整える必要がある。特に未成年者や妊婦、病人、高齢者、裁判係争中などの人たちの収容が行なわれることがないよう、防止措置をとるべきである。その人の置かれている状況や精神状態を考慮しながら、収容せずに強制送還の手続きが進められるならば、施設内での自殺や自殺未遂を防ぐことができるはずである。強制送還を確保する目的のためには、一律的な収容ではなく、たとえば「帰国指導員」を制度化して適切な帰国の指導を行なうなどの方法も考えられるはずである。

無期限・長期収容の解決は、「薬物投与送還」や「す巻き送還」など、強引な送還であってはならない。その人が送還に同意できない事情に配慮し、人道的な見地から仮放免を認めたり、在留を認めていくことが求められている。

そして入管行政と独立し、かつ権能を持った監視機関を設置することによって、人権侵害の起こる土壌を改善することが必要である。強制送還の手続きや上陸拒否手続きにおける外国人の権利保障を監視する「第三者機関」を設置する必要がある。

（八）日本の外国人政策を見直す

上記のような基本的なことを前提にした上で、日本の外国人政策のあり方をもう一度見直すことも大切である。日本政府は海外からの移住に対して基本的には門戸を閉ざし続けてきたが、それでもなお多くの人々が様々な事情を抱えながら日本にやってきて、そして生活を続けてきたことは、本稿の最初に述べた。受け入れる、受け入れないという議論の前に、すでに多くの人たちが、この日本社会の中で長年生活し続けているのである。

少子化社会が迫る中で、外国人労働者の一部門戸開放の動きが一方にある。しかし、一方で減少したとはいえ、日本経済を底辺から支え続けた非正規滞在の外国人労働者、すなわち現在二〇万人近くいる超過滞在者の問題をいったいどうするのだろうか。最近の外国人管理強化の動きを見ると日本政府は、これらの人々を切り捨て、人権侵害を放置し、送還によって葬り去ろうとする方針を変えようとはしていない。葬り去られようとしているのは、わたしたちの隣人であり、仲間であり、場合によっては家族だったりする人たちである。

諸外国の中には、短期の時限立法によって、一定要件を満たす非正規滞在外国人を一斉に合法化するプログラム（＝アムネスティ）を実施している国もあるが、日本では、個別の審査による合法化（在留特別許可）しか行なわれていない。在留特別許可の判断基準は公開されていない。最後的な解決は送還により「隣人を目の前から消し去ること」ではない。アムネスティについて真剣に考えなければならない時期に来ている。

また在留を正規に認められて合法的に滞在する人たちも、日本国内での法的地位は極めて不安定な状態におかれている。在日外国人の人権をきちんとふまえた法体系を整備し、教育やそのほかの行政機関のシステム、参政権などのシステムも整えていく必要に迫られている。

〈参考文献〉

移住労働者と連帯する全国ネットワーク編「Migrants - ネット（ニュースレター）」
二〇〇三年一二月号（六五号）特集・検証：入管収容施設（一）
二〇〇四年一月号（六六号）特集・検証：入管収容施設（二）
（購入問い合わせ先、「移住労働者と連帯する全国ネットワーク」
電話：〇三 - 五八〇二 - 六〇三三、ファックス：〇三 - 五八〇二 - 六〇三四）
移住労働者と連帯する全国ネットワーク編『外国籍住民との共生にむけて――NGOからの政策提言』現代人文社、二〇〇六年
外国人の子どもたちの『在留資格問題』連絡会編『先生！　日本（ここ）で学ばせて！――強制送還される子どもたち』現代人文社、二〇〇四年
外国人差別ウオッチ・ネットワーク編『外国人包囲網――「治安悪化」のスケープゴート』現代人文社、二〇〇四年
入管問題調査会編『密室の人権侵害――入国管理局収容施設の実態』現代人文社、一九九六年
入管問題調査会編『入管収容施設――スウェーデン、オーストリア、連合王国、そして日本』現代人文社、二〇〇一年
部落解放・人権研究所編『人権年鑑二〇〇二年（二〇〇一・四―二〇〇二・三）』解放出版社
部落解放・人権研究所編『人権年鑑二〇〇三年（二〇〇二・四―二〇〇三・三）』解放出版社

部落解放・人権研究所編『人権年鑑二〇〇四年（二〇〇三・四―二〇〇四・三）』解放出版社
部落解放・人権研究所編『人権年鑑二〇〇五―二〇〇六（二〇〇四・四―二〇〇五・三）』解放出版社
フランス・ドゥ・ヴァール『あなたのなかのサル――霊長類学者が明かす「人間らしさ」の起源』早川書房、二〇〇五年

第二章　難民と外国人に嫌悪感ある日本——被収容者の手記

パトリック・ラシェーイン

日本は国連安保理常任理事国入りを目指しています。イラクに自衛隊を派遣しています。アジア諸国のリーダーと自称しています。それが正しいかどうかを検討してみたいと思います。最近、外国人不法滞在と犯罪増加について東京都知事と警視総監がスピーチをしました。犯罪者が減って行くのは良いことです。外国人たちも喜んでいます。でも強盗事件があったら、いつも犯人は片言の日本語を話す外国人だと言われています。犯人はまだ捕まえられていないのにそう言われるので、わたしたち外国人の心は痛みます。刑法犯検挙人員に占める外国人による犯罪は、日本全体で二〇〇二年には三六万人のうち二・二%、二〇〇三年には三八万人のうち二・三%だけでした。また日本での外国人の不法就労は毎年減っています。その原因は、一九九〇年バブル崩壊による日本経済の恐慌暴落と真面目な外国人の強制収容です。今後、日本経済が再興するのはいつの時期になるでしょう。今の時代はどこの国も発展していますので、日本が大量のお金をかけても外国人はもう来ないでしょう。

日本の豆まきの習慣（「福は内、鬼は外」）のように、良い人たちは収容所や拘置所の中にいて悪い人たちは外にいます。天秤があるのに手で重さを推測する人のように、不合理に外国人たちを責めています。外国人被収容者は一年半ぐらい収容されて、仮放免で釈放金一〇〇万円から三〇〇万円を納めなければなりません。捕まえられた時に何も持たずに収容されるので、出ても大変な生活をしなければならないです。住んでいた前のアパートも無くなるし、仕事も無くなるので、生活は苦しくなります。仮放免で出ても一ヵ月に一回延長手続きをしなければならず、就労禁止なので、収容所の中よりも生活は厳しいです。入管収容所では長期拘束されて、精神を毎日患っています。朝に目が覚めたらまだ小さな部屋の中にいると感じ、一日中気分が悪くなります。夜は毎晩悪夢を見ています。それは精神的にわずらった証拠です。

一九四二年に日本軍はラングーンを占拠しました。日本軍はビルマ国民を最初から鉄拳で打ちました。村に入ったら女性に乱暴をしました。男性にはイギリス軍のスパイと言って拷問をしました。すねを棒で打ちました。爪を剥ぎました。日本空軍は戦闘機二機で村を空爆しました。戦闘機二機は黒い色なのでビルマ人は水牛兄弟と呼んでいたのです。日本空軍の戦闘機はビルマ全国で市場、列車、人が大勢にいた場所などを爆破しました。日本軍はビルマとタイをつなぐために線路をつくりました。ビルマ―タイ国境にはクワイ川があり、橋を架けようとしました。橋づくりは成功せず、その代わりにビルマ人労働者やイギリス人捕虜は何千人も犠牲になりました。雨季には大雨となり食料不足とマラリアで亡くなったのです。日本軍の占拠でビルマ国民は家族や家を失いました。イギリス植民地時代のビルマでは、宝物だったチーク材、鉱物、宝石などが持って行かれました。しかし、イギリスはビルマに道路や線路を造ったりしました。ビルマはイギリス軍が占拠して一二四年経ったけれど、反イギリス軍闘争はあまり目立ちませんでした。一方日本軍が占拠して三年目に暴力や虐待にビルマ国民はもう耐えられなかったので、日本軍と戦うことになりました。日本軍が敗戦しビルマから撤退した時、ビルマ国民は戦争の跡が残るにもかかわらず日本軍を暖かい心で送りました。戦争の跡は六〇年経った今も残っています。日本政府はビルマのネウィン軍事政権時代に路線バスを送り戦争慰謝料としたと聞きますが、旧日本軍の占拠に関して具体的な謝罪はありませんでした。ビルマで日本軍が滞在したのは僅か五、六年間でした。それでもかなり酷かったのですから、長年植民地として支配された中国や朝鮮半島の国民はもっと酷さを感じたはずです。

ビルマは東南アジア諸国で一番被害を受けました。ところが現在日本は、ビルマ軍事政権の独裁主義の下で国民が苦悶しているのを知りながら、戦争時代の罪を謝罪せず、ビルマ国民たちを長期拘束しています。日本は昭和五六年に難民認定法を制定しました。そして難民の適切かつ迅速な庇護を図る必要があるとして、平成一六年一二月二日に難民認定法を改定する法律を成立させました。しかし昨年難民申請者四二六人のうち認定されたのは、たったの一六人です。

ビルマ軍事政権の虐待・暴力に耐えられない人たちは毎日タイ―ビルマ国境に逃れて来ました。何万人もの国民は国境で苦しんでいます。米国とカナダは今までに何千人ものビルマ国民を迎えに国境まで来ています。ビルマを占拠して戦争した国々の中には米国とカナダは入っていませんでした。それでもビルマ国民を支援しています。それは純正な偉大な民主主義国であります。日本は中途半端な民主主義国なので昔の帝国主義を今も続けています。国内では外国人は犯罪を起こしていると宣伝しています。日本人と結婚している外国人、国に帰ったら迫害を受ける恐れがあるビルマ国民とクルド人たちは、入管収容所に長期拘束されています。判決がないので、いつまでもこの牢屋の中に入れられています。仮放免を申請すれば許可すると言っていたのですが、わたしの場合、八回位申請を出してもなかなか許可は認められませんでした。家族と長期離れている被収容者たちが、どのような気持ちで収容されているのかを、入管局長、法務大臣、東京都知事、日本総理に分かってもらいたいです。

JR西日本列車事故（註：二〇〇五年四月二五日の福知山線脱線事故）で亡くなった方の遺族に対しては、皆悲しく泣いていました。家族の別れに悲哀を感じています。でも、収容所には何千人もの外国人たちが強制収容されています。生きたまま日本政府に家族と長期別居をさせられています。日本政府は外国人を人間として受け入れてくれませんでした。外国人たちが日本から出て行けば、どうでもよいと思っているのです。わたしが聞いた話によれば、二〇〇三年一一月にフィリピンの男性が捕まえられました。奥さんは四才と二才の子ども二人で、お腹にはあと二週間ぐらいで産まれる子どももいました。男性が捕まえられた後に家族全員が捕まり、送還されました。女性は妊娠中であったにもかかわらず、日本の入管は外国人を日本の領空から追い出せば、後はどうでもよいと思っているのです。

収容所内でも人権侵害が起きています。二〇〇四年一二月一〇日茨城県牛久市入国管理収容所内で、わたしたちは人権を守るよう入管職員に求めました。職員は自分の身を楯で防ぎながら、収容されている外国人を警棒で打ちました。武器など何も持ってない被収容者たちは両手を上げ、反抗しませんでした。それにもかかわらず職員は暴力を振るって、人権擁護を静かに求める被収容者を押さえ込みました。職員に乱暴され楯で押さえられて、被収容者の数十人はケガを負いました。ビルマ人やイラン人の六人は隔離室に入れられました。足に捻挫をしたビルマ人は、治るまで二週間もかかりました。全国難民弁護団連絡会の告発を地検は受理して、捜査が開始されました。収容所側の録画したビデオ、写真の映像、警備官、被収容者らの証言を調べた結果、地検は「強制力は法令によって認められた権限の範囲内で行なわれた。嫌疑なし」として、入管職員全員を不起訴処分としました。被収容者が騒いだり暴れているだけの写真や証拠を入管側は提出し、検事は入管側の言い分だけを取り上げました。一方でわたしたちは、検事の取り調べの際に弁護士や支援者団体との同席を一切許されませんでした。検察は入管の片棒を担ぎました。罪のない外国人たちに暴力を働いた日本の検察と入管は、弱肉強食の心、敵愾心、卑劣さをもった行為をしました。

二〇〇五年五月一〇日の朝日新聞に考えたこともなかったニュースが載せられていました。スペインでは異例の規模の七〇万人もの不法移民の就労ビザが発給されたのです。小泉首相は日本の常任理事国入りを願っているにもかかわらず、スペインのような努力をしていません。また米国議員らは、移民百万人に対して就労ビザと永住ビザを発給するための要望書をブッシュ大統領に出しました。他の国の政府が悪いときに、そこから逃げてくる人を助けるのは純正な民主主義国です。日本国は難民四二六人中一六人だけを認定しているだけです。国連安全保障理事会の常任理事国入りを目指していますが、世界の平和のためにもっと努力すべきだと思います。ただし外国に平和維持活動のため自衛隊を派遣しているのは領土帝国主義でなければよいと思います。外国人に嫌悪感のある日本主義者の庇護に頼る難民たちは気の毒です。なぜ日本は難民僅か四二六人を受け入れられないのでしょうか。日本国は世界の流れに従わければならないです。自国を逃れて来た外国人たちは、なぜ苦痛に堪えなければならないのでしょうか。難民に冷たい国、日本は、国連安全保障理事会の常任理事国入りを目指していますが、難民条約とアジア諸国を尊重しない限り無理でしょう。

牛久市入国者収容所にて
二〇〇五年五月三〇日

【補足：パトリックさんについて】

パトリック・ラシェーインさんは八〇年代初め頃に来日し、日本に長いこと暮らしていた。日本語に堪能で、さまざまな職につきながら、多くの日本人と親交をむすんでいた。ビルマの民主化運動に身を投じ、難民申請もしていた。ところが、二〇〇三年一〇月一二日から二〇〇五年六月二〇日までの二〇ヵ月間牛久の入国者収容所に収容された。その後仮放免されたが、一週間を経て変死体となってアパートで発見された。享年五六歳であった。葬儀にはビルマ人以外にも彼を知る日本人が参列した。死因は不明であるが、収容中の不十分な高血圧治療が間接的な死を招いていたのではないかと推定されている。だから彼の死は、収容体験者や支援者に大きな衝撃を与えたのだった。

遺品として日記帳、古い外国人登録証、一九八八年発行の学生証、敬虔な仏教徒の証としての数珠が残されていた（写真）。日記帳には、収容のこと、難民申請のこと、ビルマのこと、日本のことなどが日本語でたくさん書かれてあった。アメリカの評価についてわたしはかならずしも賛成できないが、亡くなる一ヵ月前の文章をそのままここに掲載することにした。実名を出すことや日記帳の公開は、彼の友人や知人の許可を得ている。パトリックさんが生きていたら掲載にこころよく応じてくれたにちがいない。なお、意味が一部不明確な箇所があるため、日本語の原文には若干の手直しをほどこしている。（山村淳平）

亡くなったパトリックさんの手元には、外国人登録証、学生証、そして数珠が残されていた。彼の大切なものだったのだろう。

第三章　入管収容の実態——その証言と解説

山村 淳平（補足／児玉 晃一）

凡例：本章中、末尾に＊が付してある段落は、児玉が記述している。

一　被収容者とわたしたち

入管の収容問題は九〇年代の初めに知られるようになった。摘発を受けた外国人が亡くなり、長期間の収容中に暴行事件が発生し、さらには職員のセクシュアル・ハラスメントや子どもの収容などが起こり、それが公になったからである。当時かかわった弁護士・支援者・ジャーナリストなどが集まり、その深刻な問題に取り組みはじめた。時折マスメディアに取り上げられるようになったが、散発的でしかなく、その報道は長くはつづかなかった。そして入管の処遇が改善することはほとんどなかった。それでも一部の支援者は暴行事件を裁判所に訴え、シンポジウムや勉強会を開き、本を出版し、収容の実態を告発しつづけた。

一九九〇年代後半になると難民申請者が増えていき、彼・彼女らもまた収容されていた。それに伴い難民申請者の支援者が入管での面会を開始し、それは徐々に支援者の間にひろがっていった。

国際的にも収容問題が取り上げられるようになった。一九九八年秋に行われた国連規約人権委員会では、収容中の処遇や長期収容について、「収容の厳しい条件、手錠の使用及び隔離室での収容を含む、出入国管理手続中に収容されている者に対する暴力及びセクシュアル・ハラスメントに関する申し立てについて懸念を有する。入国者収容所の被収容者は、六ヵ月間まで、また、いくつかの事例においては二年間もそこに収容される可能性がある。委員会は、締約国が収容所の状況について再調査し、必要な場合には、その状況を規約第七条及び第九条に合致させるための措置をとることを勧告する」として、日本政府に対し改善が求められた。

二〇〇一年一〇月にアフガニスタン難民申請者数十名が入管に収容される事件がおきた。この時マスメディアは入管収容問題を積極的に報道した。そこではじめて、多くの人が在日難民の存在に気づくと同時に、入管収容の異常さに驚き、それにかかわるようになってきた。この頃からアムネスティやキリスト教系団体が積極的に面会や処遇改善要求などの活動をはじめた。

二〇〇三年秋になると、入管・警視庁・東京都の「首都東京における不法滞在外国人対策の強化に関する共同宣言」が出され、取り締まりが強化された。その余波を受けて、被収容者は増えつづけ、収容期間は長期化していった。ある時期にはビルマ人難民申請者だけでも三〇名以上が収容され、なかには二年や三年ものあいだ収容されている人も出てきた。支援者の面会回数はそれに比例し増えていった。面会をとおして聞こえてきたのは、収容所内の長期間の収容・暴行・自殺企図・ハンガーストライキ・健康障害・不適切な医療・強制送還などであった。

そこで被収容者を支援してきた人々が集まり話し合いをもった。かなりひどいことが収容所で起きている、なんとかこの状況を変えよう、と打開策をねった。案として出てきたのが、収容所での面会による被収容者の聞き取りである。それを実行にうつし、明らかになった入管収容の実態がマスメディアに伝えられ、国際機関に報告された。

さらに収容経験者の詳しい聞き取りが二〇〇五年六月から開始された。主な対象は、茨城県牛久市の収容所から仮放免された人々である。調査は四ヵ月間におよび、三〇名の証言を集めた。またパキスタンとイランに強制送還された人々の現地調査が並行して行なわれ、それは映像として記録され、暴行や強制送還の実態を証言したＤＶＤが制作された。*1 多くの個人や団体から協力を得ながら、被害者の声が書きとどめられ、その過程で「壁の涙」製作実行委員会が新たにつくられた。しかし、収容経験者の声を公にする作業は慎重にならざるをえなかった。それは、本人を特定することが可能な形で証言が公表されれば、危害が本人におよぶおそれが出てくるからである。

過去に次のような例があった。収容経験のある難民申請者が入管収容の実態についてテレビで証言した。彼は病気療養中で病院に通っていたが、ある日病院受診直後にその病院前で入管職員により無理やり車に押し込まれ連れ去られた。その際車の中でもっていたナイフで自分の体を刺し、自殺をはかろうとした。幸い傷はあさく、その病院で手当てを受けた。そうした状況にもかかわらず、彼は再び収容されたのだった。*2 テレビ放映二ヵ月後の出来事である。

仮に証言が公にされ、右記のような事態になった場合、誰がその責任をとれるのだろうか。再び収容され強制送還されれば、被害が本人におよぶだけでなく、家族もまた破壊される。彼・彼女らの一生を左右しかねない。日本に住んでいる限り、なにがおきるのか予想がつかない。たとえ、本人が特定されてかまわないと納得していても、弁護士から同意を得ていたとしても、証言を公にするのであれば、彼・彼女らの安全をできる限り守らなければならない。本書で取り上げられた証言はだから、本人と特定できないように配慮されている。ただし文中に登場するパキスタン人のアリさんとイラン人のバハマンさんの二人については、証言がとりわけ重要であり、すでに強制送還され入管から再び被害を受ける可能性はないので、本名を使用している。

これまで入管による被害者の証言はほとんど取り上げられなかった。[*3]彼・彼女らは被害を訴える手段を持っていなかったのである。そこで被害者の声を記録することにした。証言を交えながら、入管収容にどのような問題点があるのかを項目別に整理したうえでそれぞれ解説している。法的な点については児玉弁護士に補足していただいた。各証言は忠実に再現することを心がけている。ただし、証言内容が読者に正確に伝わるように若干の修正をほどこしている。

先に「三〇名の証言を集めた」としるした。しかし、その他にも膨大な数の被害者が存在する。ひとり一人には名前があり、子どももいれば、親もいる。恋人もいるかもしれない。彼・彼女らは私たちと同じように日本で日々の生活をいとなんでいた。それが収容によって一変してしまったのである。

＊1　ＤＶＤは一八分間に編集され、希望者には送料込み五〇〇円で配布されている。お問い合わせはカトリック東京国際センター（電話：〇三-五七五九-一〇六一、ファックス：〇三-五七五九-一〇六三、info@ctic.jp）の有川まで。
＊2　朝日新聞二〇〇四年二月二六日
＊3　収容経験者の証言をあつかった出版書籍として、入管問題調査会編『密室の人権侵害』（現代人文社、一九九六年）、雨宮剛／エルダル・ドーガン編『私の人生、これなに？』（自費出版、二〇〇六年）がある。

二　収容される人々

かつて外国人に対する尋問や入管収容はそれほど厳しくなかった。ところが前節で述べたように、二〇〇三年秋から始まった取り締まりの激化により外国人の行動の自由が制限されるようになった。その取り締まりの過程で手荒な扱いがなされている。たとえば、警察官が道で突然服を引っ張った、早朝にアパートでたたき起こされた、大勢で職場に突然押しかけられた、駅で日本人の見ている前で長時間尋問され持ち物の中身を取り調べられた、などである。とくにアジア・アフリカ系の容姿をもつ外国人は、こうした取り締まりの被害者であった。さらにマスメディアは「外国人犯罪」を誇張して報道をするようになっていった。それが一般の日本人にも影響し、その言動に差別的な傾向があらわれるようになり、外国人の雇用や住居探しがいっそう難しくなってきた。「テロ対策」という口実のもと、法務省や警察庁などの治安機関が一体化されながら、外国人の選別・監視・統制が加速されてきた。それに連動して、多くの外国人が身柄を拘束され、入管に収容されるようになった。牛久市の入国者収容所の新規収容人数は二〇〇三年では一七六〇名だったのが、二〇〇四年になると四八一〇名と三倍近くに増加していった。

このような外国人の収容は「不法滞在」という名目でおこなわれるが、その中には難民申請者・通院中の患者・一八歳未満の子ども・子どもから引き離された親・日本人の配偶者や婚約者・長い間日本で暮らし生活基盤がすでにできている人々も含まれている。彼・彼女らのほとんどは刑法上の罪を犯しているわけではない。[*4] 収容は、それまで築いてきた生活を一瞬にしてうばってしまう。しかも半年、一年、二年と長期にわたり収容されることで、人の自由が束縛され、人生の大切な時期を無駄に過ごさなければならない。どうしてこのようなことが起きているのだろうか。

それは、「全件収容主義」という制度的な建前を入管が採用しているからである。入管法違反の事実さえあれば、逃亡する可能性がないにもかかわらず、誰でも収容することができる。しかし、収容というのはあくまで退去強制手続を円滑に進めるために、容疑者の身柄を確保する手段であり、その必要性がない者まで収容することは明らかに行き過ぎである。「全件収容主義」という考え方は、何ら必要性のない身体拘束を許すものであり、あたかもハンセン病患者に対していわれのない強制収容をしてきたことにも匹敵する、国家による組織的・継続的な人権侵害である。この「全件収容主義」により数多くの犠牲者がこれまで生み出されてきた。[*]

(二) 難民申請者

難民申請者であっても入管への出頭時にその場で強制的に収容させられてしまった例がきわめて多くみられる。

「仮放免の手続きをすると、入管事務のところに行ってくださいと言われた。そこで一時間くらい待たさ

＊4 なお、刑法犯で裁判を受けたごく一部の外国人が収容されていることはある。しかし、彼・彼女らは刑務所ですでに服役し罪をつぐなっていたり、執行猶予付きの判決がくだされたりしている。

れた後、小さな部屋にうつると、センセイが来て、*5『あなたの仮放免を取り消します』と言った。わたし悪いことしてないのに、なんで刑務所のような入管に入らなくてはならない？　わたしは入管のエライ人に何回も尋ねた。でも、いつも答えは『わからない』ばかり。わからないのなら、どうして入れる。わたしは難民申請をしているだけなのに。もし日本で入管に入れられることがわかっていたら、わたしは日本に来なかった。わたしは日本について何も知らなかった」

別の難民申請者もまた理由のないまま突然収容されてしまった。

「日本に来て九〇年頃から東京のソバ屋さんで働き始めました。団体を作りビルマの民主化に向けて活動も行なっていました。当時はビザが欲しいためではないという思いから難民申請しませんでしたが、弁護士の説得を受け、九七年に難民申請をおこないました。その後も仮放免が認められてきたのに、二〇〇一年に入管へ仮放免期間延長の申請に行った際に『ちょっと四階へ行ってください』と言われ、そのまま収容されました。理由を尋ねても『ボスが決めたから』としか答えませんでした。突然のことでした」

難民条約は、その生命又は自由が脅威にさらされていた領域から直接来た難民の移動に対して、必要以上の制限を課してはならないと定めている。*6これは、手続を進めるのに申請者の出頭を確保する必要があるとしても、住居制限や保証人を立てることで確保できるならそのようにすべきで、収容は最後の手段とすべきという意味である。しかし、日本では明らかに収容する必要のない難民までをも収容しており、難民条約違反の状態が続いている。[*]

難民申請者自身も日本政府に疑問を投げかけていた。

「難民申請者は皆、収容で心がこわされています。日本は難民条約にサインしているのになぜわたしたちの状態を分かってくれないのでしょうか」

二年近く収容され、仮放免三ヵ月後に難民認定された二八歳の青年は怒りをこめながら語っていた。

「収容中の人生は、まったく無意味であった」

(二) 通院中の患者

通院中の患者でさえ収容されてしまい、治療中断となってしまう例が後を絶たない。ある患者は診療所に通院していたが、「不法滞在」を理由に警察にとらえられ、医療機関への紹介状を渡されないまま母国へ退去強制となった。治療継続は不可能となり、病気を治す機会がうばわれてしまった。「一　被収容者とわた

＊5　入管職員のこと。この言葉については「三　収容状況」91ページを参照。

＊6　難民条約三一条

したち」で取り上げた通院中の難民申請者もそのうちの一人である。その他にも医療関係者の知らないまま強制的に収容させられた患者が数多くいるだろう。労災や交通事故外傷の患者であっても強制的に収容され、収容施設での治療継続はほとんどなされていない。しかも、労災治療中の患者への労災給付が中止されていた。収容によって、本来治療可能な病気までも悪化してしまい、治せなくなる。ある病院関係者は次のように述べていた。

「患者が通院しなくなりました。怖くて通院をひかえているのか、あるいは帰国したかのどちらかでしょう。また、通院途中でつかまったこともあります。労災患者でさえ逮捕されることが多くなりました。治療がなされないまま収容されたため、労組やＮＧＯの支援でなんとか仮放免されることはありますが、されないこともあります」

患者の治療よりも収容を優先しているのが入管の方針のようである。*7

(三) 子ども

子どもの収容の問題点は、本章の「三　収容状況」および「四　医療問題」とかさなっている。ただし、子どもは精神的にも身体的にも大人とことなり、一連の流れとして進めていくほうがより理解しやすいため、ここではそれらの問題点をひとまとめにして述べることにする。

第一章の「一　大きな自転車を買うから」で子どもの収容の証言が取りあげられたが、他にもある。ある母親は、強制送還される直前に、児童相談所に預けられていた子ども二人（七歳と三歳）に一年三ヵ月ぶりに再会した。強制送還されるまでの三日間、成田空港の収容施設の窓のない部屋で子どもたちと一緒に過ごすことになった。そのあいだ子どもが高熱を出した。ところが、外部の病院に連れて行かれることはなく、そのまま放置されたのである。母親は子どもの病気を心配するあまり気が動転してしまい毎日泣き叫びつづけた、と語っていた。

収容環境は、子どもの精神や身体にきわめて悪い影響をあたえている。まず、収容施設での暴力的な言動は子どもに不安感や恐怖心をうえつける。さらに両親の無抵抗で弱い立場の状況を察知して、子どもの心は傷つけられる。子どもと一緒に遊び、本を読み聞かせ、食事やトイレの世話をすることが両親の役目である。しかし収容中にはそれができなくなり、家族のつながりが弱められ、子どもが発育していくうえでの障害をもたらす。それは具体的に無口・おねしょ・拒食・自傷行為として表れてくる。収容施設で使われていた言葉を繰り返し、さらに恐ろしい夢をみるようになり夜泣きがはげしくなる。その恐怖体験は記憶として残り、消え去ることはない。

劣悪な収容環境は身体的な症状をもまねいている。不潔な部屋では目や皮膚の疾患が引き起こされる。体温調節が十分にできない子どもは、密閉された暑い部屋の中で容易に脱水状態におちいる。食欲がなくなり栄養状態が悪化すれば、抵抗力がおち、ウイルスや細菌などに感染しやすくなる。ところが、病気になっても病院に連れて行かれることはなく、医療処置はほどこされない。

＊7　詳しくは「四　医療問題」（100〜118ページ）および「八　入管の「国際化」にむけて」145ページを参照。

子どもは傷つきやすく病気になりやすい。それにもかかわらず、収容される子どもの数はかなりの数にのぼっている。*8 大人でさえ耐えられない収容環境に子どもはおかれているのである。

（四）両親

子どもが収容されなくても、両親と引き離される場合がある。収容中に病気になった母親は児童相談所に預けられた子どものことを心配していた。

「夫婦で収容されました。同じ頃、子どもたちは児童相談所へとうつされ、ほとんど会うことができませんでした。面会時間は平日の昼間で、子どもたちは学校があるため来られなかったのです。子どものことや、同じく収容されている夫のこと、今後のことを考えると、夜もなかなか眠れませんでした。病気になった際は、子どもたちのことを考えると非常に恐ろしかったです。しかし、二人のためにも頑張らなくてはならないと思いました。

土曜日や日曜日に電話で子どもたちと話すことができました。けれども三分位だけでした。息子からは『お母さん、早く出てきて』と言われました。手紙でのやり取りもしていました。誕生日にはカードも送っていました。

預けられたのはA県にある児童相談所でした。相談所職員の方は優しく、子どもたちは毎月お小遣いをもらい欲しい物を買えたようです。

入管に入ってから一年二ヵ月後に、ようやく入管での面会がゆるされ、子どもたちに会うことができました。娘はわたしたちのことをすごく心配して、泣いてばかりいました。わたしも痩せた子どもたちの姿を見たときにはたいへん悲しくなりました。

仮放免され、今は家族で一緒に生活できてうれしいです。たまに子どもたちと当時のことを話したりもします。けれども、今でもわたしが入管へ行くたびに、また収容されてしまうのではないかと子どもたちはこわがっています」

ここでも、子どもは親のおかれている状況を敏感に察知し、心が深く傷つけられている。親の収容が子どもの成長過程に悪い影響をおよぼしている。

「心が深く傷つけられている」のは、子どもだけでなく、母親も同じである。難民申請者の母親にわたしは面会したことがある。面会室のアクリル越しで話しをしていたが、幼い二人の娘（五歳と三歳）のことに触れると、彼女の目から突然涙がこぼれはじめた。涙顔をみせないように机に顔をふせながら、強く訴えたのだった。

「子どもに会いたいのですが、こんな状態ではとうてい会えません。恥ずかしくて収容されている姿を子どもに見られたくないからです。児童相談所にいる子どもが保育園に行けず、たまらなく心配です。子ど

＊8　二〇〇四年度の入管発表によれば、収容された一八歳未満の子どもの数は三四四名、そのうち六歳未満は一八七名であった。

もの写真を見ると、胸がしめつけられるほど苦しくなります」

親子の絆を断たれるのは母親にとって苦痛以外なにものでもない。子どもは母親がどこにいるのか理解できず、いつも不安で泣いてばかりいたらしい。入管は彼女の選択をあらかじめ予測していたのだろう。母親は子どもの成長をことのほか心配し、最終的に帰国せざるをえなかったのである。

(五) 日本人の配偶者

長いあいだ同棲していたが、婚姻手続きが遅れたために、偽装結婚を疑われ収容させられた人々がいる。

「いつものように仮放免出頭しハンコをおしてもらい、その後窓口で住所変更の用紙をもらい、帰ろうとしました。するとセンセイがある部屋に案内し、そこで住所変更の理由を聞かれたので、婚約者と一緒に暮らすためと伝えると、その場ですぐつかまりました。後から妻が弁護士に尋ねたところ、少し前から強制退去命令が出ていて、いつつかまえてもよいと上の方から命令が出ていたようです。偽装結婚を疑われたのか、タイミングが悪かったのかもしれません。べつに何も悪いことはしていません。つかまった当日は面会ができないため、翌日妻が衣類などを持ってきてくれました」

このような例は他にもあった。

「以前にサウジアラビアで働いていたとき、車が日本車ばっかりだったのを見て以来日本はずっとあこがれの国でした。だから日本に来たいと思っていました。九〇年代のはじめ頃日本に来て、わたしは会社で働いたり、アラビア語の教師をしたりしていました。そのうち日本人のIさんと知り合いになり、つきあって二年後くらいから一緒に住むようになりました。でも二〇〇三年に超過滞在で警察につかまり、収容所に送られました」

この二例は偽装結婚ではない。収容前にも長いあいだ同棲しており、収容中も日本人配偶者は頻繁に面会していた。しかも一例目は収容をとかれてから現在に至るまで日本人配偶者と一緒に暮らしている。二例目は母国に強制送還されてしまい、日本人配偶者は悲しみに沈んでいたが、彼の母国に行くことを決心し、現在はそこで一緒に生活している。入管はこのように外国人と日本人との間を引き裂こうとしている。

(六) 長期滞在者

外国人のなかには、長いあいだ日本で仕事をしてきたため生活基盤がすでにできた人々もいる。次は、長年日本の先端技術の開発にたずさわっていたが、母国に突然強制送還させられたため、これまで築いてきた生活のすべてを一瞬にしてうしなってしまった例である。

「わたしは三〇年前に日本に留学し電子工学博士号を取得しました。日本の会社で働き、ある程度の収入を得て、暮らすことができるようになりました。しかし、在留資格の更新時に提出書類をそろえることができず、しかも仕事がいそがしく、そのまま放置していたところ在留資格がなくなり、超過滞在となってしまいました。東京入管に摘発され、収容所にはいりました。わたしは日本で電子工学の分野に貢献してきたという自負があります。たまたまビザの更新手続きをおこたっただけです。罪もおかしていません。それなのに、なぜ三年以上も監獄のような生活を強いられなければならなかったのでしょうか」

日本で高度な技術を持った人が、ビザの更新手続きをおこたっただけの理由で、追い出されてしまったのである。

三　収容状況

入国者収容所に収容されると被収容者はこれまでとは異なった環境に突然おかれる。収容所全体が密閉された狭い空間で、五〜一〇人部屋には窓はなく、自然の光はあたらない。そこでは他の国籍の人と一緒になり、起床・食事・運動・シャワー・就眠の時間帯が厳しく定められ、個人の自由は許されなくなる。被収容者の行動は入管職員と監視カメラによって四六時中たえず監視されている。食事内容と味付けは毎日同じである。運動で外に出られるのは週に数回で、しかも数時間しかない。シャワーも毎日使えるわけでなく、水しか出ない時もある。こうしていつもと変わらない毎日を過ごす。そして、それがいつ終わるのか分からない。

無期限収容は入管法で認められているが、これはある意味、刑務所に入れられるよりもひどい。刑務所であれば、刑期が決まっており、いつまで頑張ればかならず出られるという希望がある。日中は仕事をして過ごし、それを真面目につとめれば、手紙や面会の回数が増え、刑期が短くなったりもする。ところが、入管では何もやることがなく、何をすれば解放されるかまったく分からないから、努力しようにもそれができない。そのような無力感からくるストレスははかりしれない。*

収容環境だけでなく、職員にも被収容者は不満を持ち不信感をいだいていた。職員による威圧と言葉の暴力によって恐怖心をうえつけられ、非人間的な扱いを受けていたからである。

(二) 見下した態度

職員は名札をつけておらず、被収容者は職員の名前を知らない。そこで一律に「センセイ」と呼ばされていた。

「入管の職員に対してセンセイと呼ぶよう指示され、常に軽蔑されているような感じを受けていました。イラン人やブラジル人はある程度日本語を話すことができるので、ときどきセンセイとケンカし、それがひどくなると暴力をふるわれたりすることがありました。バカにするような態度なので、センセイとこれ以上かかわりたくないと思うようになりました」

どうしてこの「センセイ」という言葉が出てくるのか不思議である。外国人への蔑視感だけでなく、被収容者を「罪を犯した者」としてみていることもあり、被収容者より優位に立っていることを強調したいために職員はそれを意識的に使っているのかもしれない。

「入管で一番ストレスだったことは無言コントロールです。わたしはゴミと同じだと感じました。だから、入管は倉庫みたいです。センセイたちに『なんでわたしここにいる？　なんで難民申請の結果はまだ出ないの？　なんで日本では難民を認めない？』と聞いても『わたしたちは分からない』と答えるだけです。壁と話しているみたいでした」

このように職員は高圧的な態度をとり、被収容者が何を尋ねても無視するか、一言二言無表情に答えるだけである。こうした行為は被収容者との距離をへだてることになり、次のさまざまな問題を発生させていた。

(二) 増加するトラブル

収容されていなければ気にならないことでも、収容による極度のストレスから、ほんのささいなことをきっかけに感情が抑えられなくなる。そのため被収容者同士のもめごとや職員とのいざこざは絶えなかった。

「収容所での生活は大変でした。同じ部屋にはさまざまな国籍や異なった文化をもつ人たちがつねに一〇人くらい収容されていました。みんながうるさく寝られないこともよくありました。終日部屋の中で過ごさなければならない土曜日と日曜日には狭い部屋のドアを開けることができないため耐えられませんでした。一度、まわりの人がうるさくどうしてもそれに耐えられなくなり、わたしも夜中の三時くらいに、ヘッドホンをかけて大音量で音楽を聴きました。すると、職員の人が来て、『静かにしなさい、皆さん寝ている』と言いました。わたしが『関係ない』と答えると、粉の薬を飲まされ眠らされました。本当に怖かったです」

こうした際に被収容者の感情をしずめるため、言葉による説得をせずに、職員は医務室に連れていき、医師は安定剤や睡眠剤を安易にあたえるか、より即効性のある注射をすることが時々ある。*9

(三) 手紙の送付拒否およびその検閲

家族とのつながりを保つ手段に手紙がある。ところが、家族へ手紙を送ることさえ拒否されていた。家族との連絡を断ち、不安にさせ、帰国をうながそうとしたのである。

「いつ家族に会えるのかといつも考えていました。その他に苦しかったのは、手紙を送りたい時です。自

*9 「四　医療問題」110ページを参照。

分の書いた手紙が受け入れられる時と却下される時の一貫性がなく、受け入れてもらえない理由が分かりませんでした」

手紙を出すのを拒否するだけでなく、外から届いた手紙の内容も頻繁に調べていた。

「友だちから手紙がきたら『友だちはなんて書いているの？　挨拶だけ？』とセンセイは聞いて、この手紙を一階上の部屋にもっていって、チェックするんですよ。なぜチェックするんですか。なにを書いたって、日本の政治に関係ないでしょう。母国の政治の話なのに、なぜチェックするんですか」

入管法は、保安上必要があると認めるときに限って検閲や手紙の発受の制限を認めているが、[*10] 検閲は保安上必要な場合でなくても全件で行われている。手紙による連絡を断ち、その内容を調べるのは行き過ぎた行為であるし、違法である。[*]

（四）帰国同意の強要

職員はさまざまな方法で被収容者を帰国させようとしていた。病気がちな難民申請者は帰国同意の署名を強要されていた。

「ある日狭い部屋に連れていかれ、六人のセンセイからかこまれ『国に帰りなさい。帰国同意の署名をしなさい。国に帰るなら外の病院に連れていく。ただし医療費はあなたが支払わなければならない』としつこく迫られ、何か書くように両腕を押さえつけられました」

彼以外にも同様の証言が少なくない。最終的に署名がなくても強制送還されてしまうため、かならずしも帰国同意の署名は必要とされていないようだ。その目的はむしろ、被収容者に心理的な圧迫感をあたえ、おとなしくさせることにある。そして、被収容者の抵抗がつよければ、職員は暴行をくわえ、帰国拒否の意思を屈服させていた。[*11]

さらに、妻子への想いがつのる感情さえも帰国をせまる脅しの材料として利用されていた。

「一番心配だったのは家族がどうやって生活しているのかということでした。心配のあまり眠れず、いつも恐怖心がありました。わたしの言うことをまったく信じてもらえず、『あなたが帰らないと妻もつかまえる。家族をバラバラにする』とおどされ、いじめにあっているように感じました。『あなたは不法滞在で、日本とは関係はないのだから、国に帰るように』とも言われ、くやしい思いをしました」

彼は最終的に仮放免されたが、このように家族を引き合いに出されたことで帰国せざるをえなかった難民

＊10　入管法六一条の七第五項
＊11　「五　暴力行為」122ページを参照。

申請者が実際にいた。[12]家族をはなればなれにさせ、父親や母親に帰国を強要するのは、形を変えた強制送還といっていい。

(五)不服申立制度の形骸化

二〇〇一年に「不服申立制度」が取り入れられた。職員の対応や医療などの処遇について、被収容者から意見を聞く制度である。しかし、実際にそれが有効に機能しているとはいえず、形式的になされているにすぎない。

「何度も入管のボスに手紙を書きましたが、返事はいっさいありませんでした。その内容は収容所での生活がひどすぎること、なぜ長期収容しているのか、と書きました。わたしは悪いことを何もしていないのになぜ収容所に入っているのか、とも書きました。しかしまったく返事はありませんでした」

二〇〇三年五月三〇日の朝日新聞の報道によれば、同年三月までに申し立てられた六八件のうち、不服申出や異議が認められた例は一件もない。不服を認めない理由も「根拠がない」と単に一言書いてあるのみで、被収容者からすれば、とうてい納得がいく内容ではない。

被収容者が処遇の改善をもとめても、このように無視されるだけである。劣悪な収容環境は現在もつづいている。そこで、被収容者たちはみずから抗議の意思を示すため、ハンガーストライキの行動に出た。すると、彼らは職員により暴行を受けたうえ、隔離室に監禁されたのである。[13]

(六) 面会の制限

こうした被害を受けつづける被収容者の唯一の楽しみは、手紙・電話・面会による外部との接触である。単調な毎日を過ごさなければならない被収容者にとって、とくに面会は一日のうちでも刺激のある出来事であり、彼・彼女らは面会者をひたすら待ちわびている。

「食事がおいしくなかったので、食べることができなくなり、そのため体重が五三キロから四八キロに減りました。でも、(註:日本人配偶者の) Iさんが一週間か二週間に一度、宅急便で食料品を送ってくれたのでとても助かりました。Iさんはよく面会に来てくれて、電話もおたがい毎日していました。一度Iさんのお父さんとお母さんが面会に来てくれました」

ある被収容者は面会を次のように表現していた。

「暑い砂漠のようなところでは、のどが乾く。そんなときに飲む水は非常においしい。生きているのだという思いがしてきます。面会に来ている人たちの顔を見たり声を聞いたりすると、わたしはそれと同じことを感じ救われるのです」

＊12 「二 収容される人々」87ページを参照。

＊13 「五 暴力行為」120ページを参照。

このように面会は被収容者の心の支えとなり、希望をあたえている。それは、支援者が入管で何がおきているのかを知る唯一の機会でもある。

ところが、入管はそうした面会に制限をくわえている。以前は支援者が同じ面会室を使用し、連続して多くの被収容者に面会することができた。現在では一回の面会が終了すると、支援者は面会室をいったん出た後、新たに面会の申請をしなければならない。それでは手間と時間がかかり、支援者の面会回数が少なくなってきている。また、被収容者の健康状態を確認しようとした外部の医師の面会を拒否するという異例のことも起きている。*[14] 入管から得られる情報源は閉ざされつつある。

本来、所長は保安上もしくは衛生上支障がない限り、面会を許可しなくてはならない。*[15] しかし、収容所内の処遇について被収容者にインタビューをしたいという報道関係者に対しては、「保安上もしくは衛生上支障がない」にもかかわらず、所長の恣意的な判断により面会の許可は出されていない。*

(七) 精神の拷問

被収容者がなんらかの行動を起こせば、それは必然的に職員とのトラブルをもたらす。だから、被収容者は窓のない狭い部屋の中でおとなしくせざるをえない。そして終わりのない時間を感じながら一日を過ごしている。そのあいだいったい何を思うのだろうか。

「規則は刑務所みたいでした。本を読んでなかったら、心配で不安で寝られない。自分一人で部屋のなかで考え事をして、いつまでわたしはここにいるんだろう? なんでここに入れられたんだろう? だれも助ける人いないのにどうすればいいんだろう？　昔のことや家族の問題とかいろいろね。母国での迫害が理由でこうして日本にいるんですけど、収容されていろいろ嫌なことが頭に入ってきました。ああ、日本から強制送還されたら、たぶん命はない。家族に一度も会うチャンスがないと考えたら、自然と体が痛くなるのです。それは基本的に一種の拷問なんです。拷問というのは殴った後なら一、二週間すればなおります。でも、精神の拷問はなかなかなおらない。なおるとすれば、それは自由の中でなおるんです」

強制送還されるかもしれない無期限の収容は、心の痛みをともなう「精神の拷問」である。別の被収容者は「時間をかけた殺人」とも表現していた。

ある被収容者は次のように語っていた。

「その頃はいつも一、二ヵ月に一度センセイの部屋に呼ばれて『絶対帰らなくてはならない。もし、どうしても帰らないというなら無理やり帰すぞ。ここでわれわれの時間を無駄にさせるな』と言うのです。それでわたしは彼らに説明しました。『もし帰る方法があれば帰るのだ』と。そして付けくわえました。『こうした重圧の中で耐えられないほどわたしはまだ狂ってはいない』。でも、残念ながらわたしの話を聞いてはくれなかったし、笑いもしました。こうした中でわたしに残された方法は、なんといえばいいか、強制送還さ

＊14　朝日新聞二〇〇六年四月三〇日関西版

＊15　被収容者処遇規則三四条一項

れる恐怖に耐えることでした。とにかく耐えつづけました」

収容環境が非人間的であるにもかかわらず、彼は理性を失っていなかった。このような状況はしかし、被収容者の精神を次第にむしばんでいくことになる。

四　医療問題

収容環境および職員の態度や対応によって表れてきた症状はどのようなものなのか。その訴えはどのような病気として診断されるのか。それがどの程度に進行していったのか。そして入管はどのような医療対応をしているのか。その答えを引き出すためには、被収容者に直接面会して聞き取る以外に方法はない。

二〇〇三年八月から二〇〇七年一月までわたしが面会した被収容者は二〇二名であった。平均年齢は三八歳、男女比は六対一、出身国籍はビルマを筆頭に、イラン、トルコ、パキスタンと続いている。難民申請者が全体の七一％を占め、平均収容期間は一三ヵ月、最長四六ヵ月、一年以上の例が全体の五六％であり、収容の長期化が目立ち、「二　収容される人々」で述べた収容不適例とともに暴行例が多くみられた（表1）。収容が長期化すればするほど、病気の発生率はより高くなり、しかも重症化する。それに対する医療費の負担と職員の手間はいっそう増すことになる。

表1　対象者の属性

調査期間	：2003年8月～2007年1月
対象数	：202名
平均年齢	：38歳、中央値38歳、範囲16～62歳
男女比	：6対1
国籍	：ビルマ72名、イラン28名、トルコ25名、 南アジア（パキスタンを除く）20名、サハラ以南アフリカ14名、 パキスタン12名、フィリピン8名、中南米6名、 西アジア5名、その他12名
手続きの状況	：難民申請者144名、超過滞在外国人35名、配偶者が日本人23名
収容期間	：平均13ヵ月、中央値13ヵ月、範囲1～46ヵ月、 1年以上の被収容者113名（56%）
収容不適例	：家族分離の親子17組、夫婦30組、治療中の患者12名、 16～20歳の若年者5名、裁判係争中4名、60歳以上の高齢者2名
入管職員の対応	：暴行11名、そのうち3名に後遺症が残った。隔離室収容6名

（一）収容中の症状と疾患

ほとんどの被収容者には収容後数日から一週間で症状があらわれていた。不当な収容に対する困惑・怒り・不信があり、精神状態はきわめて不安定となり、不眠・食欲不振・頭痛などの拘禁症状を訴えはじめていた（表2）。

「収容されてから眠れなくなってしまいました。ごはんを食べることもできません。いつも頭がクラクラしているし、体の力もはいりません。いつもイライラして、手もふるえるようになりました。……突然収容されたんです。どうしてわたしはここにいなければならないのか、すごく不安でした」

そうした状態にもかかわらず長期間の収容は続き、いつ解放されるか分からない状況のなかで、将来への不安や強制送還の恐怖をたえず感じていた。そして、訴えのなかでもっとも多かったのが、家族への心配と想いであった。

「家族とはなればなれになり、いったい自分はなんのために生きているのか、つらくて死にたい、と思うようになりました。しかし家族のことも同時に想っていました。妻と上の子は喘息をわずらい、下の子は頭に皮膚の病気があり、健康面でとても心配でした。わたしは日本という先進国にいるのに家族の病気をなおしてあげることさえできず、なさけない思いでした。また子どもの将来を考えると不安がつのりました」

表2　収容中の自覚症状

対象者数=135（複数回答）

自覚症状	例数
家族のことが心配	117
不眠	106
食欲不振	104
頭痛	103
体の痛み	100
イライラ感	97
夜うなされる	88
脱力感	85
腹痛	76
体のふるえ	60
皮疹	58

＊過去の迫害体験の記憶がよみがえる（対象者数＝67）：54名
＊体重減少（対象者数=75）：平均7.7kg、中央値6kg、範囲1～21kg

被収容者との面会では、アクリルの窓でさえぎられているため、話すことしか許されていない。そうした場合、どのような方法で病気の診断が可能だろうか。それは、症状を詳しく聞き取り、血圧や体重などの客観的な値をたずねれば、ある程度まで健康状態を把握できるのである。皮膚の病気については、実際にその皮膚を見ることで診断可能である。腹痛や腰痛を訴えれば、痛むところを指してもらい、体を曲げたり伸ばしたりしてもらうことで病気を推定していく。精神的な病気については、触診や聴診の必要はなく、被収容者の訴えを聞くだけで十分である。収容前にすでに診断がなされていれば、その病状を聞くだけでその進行度を判断できる。こうした面会で聞き取った二〇二名の被収容者のうち、一三五名（六七％）にさまざまな病気がみられていた（表3）。

もっとも多い疾患に心因反応があげられ、次に胃炎・十二指腸潰瘍および収容が引き金となったＰＴＳＤ

（心的外傷後ストレス障害）疑であった。そうした精神疾患が悪化した結果、自殺企図や全身衰弱にいたる例がみられていた。精神的においつめられ、うつ状態がつよくなり、自殺をはかる被収容者は、これまでの調査を含めてすでに七名にものぼっている。なお、二〇〇一年から二〇〇二年にかけて収容されていたアフガニスタン難民申請者一一名が自殺企図しており、[16]さらに二〇〇二年では五名、二〇〇三年では二名にみられ、かなり高率である。

身体的疾患の代表のひとつとしてあげられるのは腰痛症などの整形外科疾患であった。運動は極度に制限され、せまい空間の中で一日を過ごさなければならず、それが数年間つづけば筋肉の萎縮をまねき、腰痛などが悪化していく。そしてきびしい規則のもとで管理され、ことなった文化と言語をもつ外国人同士がおなじ部屋にいれば、ストレスは増大する。そうした収容環境は、心因性と関連した胃炎・十二指腸潰瘍・高血圧・狭心症などの病気を誘発していた。

表3　収容中の疾患　対象者数=135（筆者の診断、疑いも含む）

疾患	例数	疾患	例数
心因反応	98	事故後遺症	5
胃炎／十二指腸潰瘍疑	54	代謝系疾患	4
PTSD疑	41	外科疾患	4
高血圧	16	意識消失（貧血、低血圧疑）	4
腰痛を除く整形外科疾患	14	痔疾	4
狭心症／不整脈疑	13	腫瘍疑	4
皮膚疾患	12	呼吸器疾患	3
腎／泌尿器系疾患	11	結核治療後	3
腰椎椎間板症／腰痛	10	リンパ節結核疑	2
うつ状態	10	自殺企図	2
耳鼻科疾患	8	全身状態悪化	2
眼科疾患	7	肝炎	2
糖尿病	5	脳梗塞	1

＊16　アフガニスタン難民申請者アリ・ジャンさんの著書『母さん、ぼくは生きてます』（池田香代子監修、マガジンハウス、二〇〇四年）でも、彼の自殺企図について触れられている。

(二) 精神的病状の悪化

強制的に収容された難民申請者は、収容自体によって大きな精神的な衝撃を受けている。そのほとんどは怒りをもって次のように述べていた。

「わたしは難民として申請しただけなのに、どうして犯罪者のように扱われなければならないのでしょうか」

母国での迫害体験のある難民申請者六七名についてみると、五四名(八一%)に入管収容によって過去の体験の記憶が鮮明によみがえっていた。

「母国にいるときに、わたしは警察によって拘束され暴行を受けましたが、その体験を今回の収容中によく思い出しました。悪い夢をみたり、夜うなされ、何度も目がさめ、声をあげたりして、非常に強い恐怖を感じていました。強制送還されるのではないかといつもおびえていました」

別の難民申請者は、母国イランの大使館職員が入管を訪れたことにかなり動揺した。

「約一年半たった頃に面会者があると言われました。誰がわたしの面会に来ているのかとセンセイに尋ねてみると『あなたの国の大使館職員二人が面会をしに来た』と怖い感じで言いました。その時わたしは、なんと言えばよいか、すごい衝撃を受けました。わたしは面会を拒否したので大使館員は帰りました。その後三日間わたしは嘔吐しました。ひどかった。一〇日間は別のことをまったく考えられませんでした」

母国から逃れてきた難民申請者はＰＴＳＤやうつ病などの精神疾患を持っていることがある。それにもかかわらず、入管では特別な配慮がなされていない。

精神的においつめられる状況の中で、強制送還されそうになったことをきっかけにうつ病が悪化し、自殺を考えるようになった難民申請者がいる。

「わたしは小さい時自殺をする人を本当に笑っていました。このようなことに意味はない、と自殺をする人を低くみていました。入管内で数人の被収容者が自殺をしたり、数人がそういうことを試みようとして、彼らと話したことがありました。絶対に彼らにそうさせなかったし、わたし自身そうした考えも持ちませんでした。

二回目の収容の際センセイから平然と『あんた不法滞在だから、中に入らなければならない』と言われました。わたしを一〇〇％強制送還するのだと思いました。そうすると、どうすればよいのか自分でも分からなくなってしまいました。わたしは小さい部屋に入れられて、とてもつらかった。この日一日なにをすればいいか分かりませんでした。それで自殺しようと決めたのです。これは正しいことではない、と我にかえり自分に対してつい笑ってしまいました。でもその考えはしばらく頭に残りました。もし私を母国に連れていこうとしたら、どうにかしよう、自殺しよう、そうすればなにもできないだろう、と考えはじめたのです。ちょっとでも時間があれば、手があいてさえいれば、嫌がらせのために、どんなことでもしてくる入管のセンセイは恐怖の対象でした。今から考えると、その頃のわたしはとてもバカみたいですが、そのようにしてわたしは死のうと思ったのです」

また、隔離室[*17]に入れられたことをきっかけに自傷行為にいたった被収容者もいた。

「なんにもない部屋。トイレのペーパーすらない。監視するカメラだけがある。わたしは本当に死にたかった。頭を壁にぶつけたりしたが、本当のところ、隔離室にいるあいだ自分がなにをしたのかよくおぼえていない。それも全部入管でのストレスのせいだった。でも、ここで死んでしまっては故郷にいる妻と子どもはどうなってしまうんだ、と思いなおした。子どもや奥さんが待っているのに、『お父さんどうしてるの？』って子どもが聞いたとき、死んでしまっては何もしてあげられない。家族を守れないようならどうしようもない」

彼・彼女らは自殺をなんとか思いとどまったが、実際に自殺を図った人がいた。それがイラン人のババマンさんである。

「二年ぐらい収容された。いくらがんばってもいつまでここにいるのか、どれぐらい我慢できるのか、こんな状態だったので、頭がおかしくなり、入管の医師からもらった睡眠薬や安定剤をいっぱい飲んだ。

五〇錠ぐらい飲んだ。入管の職員がよばれた。むりやり外の病院に連れて行かれたが、ほとんど意識はなく、胃の洗浄、そして点滴をされた。医者は大丈夫と言ったようだったので、入院はせず、その日のうちに収容所にもどり、隔離室に入れられた」

自殺企図する人は自己否定的な考えをもっているため、それを繰りかえす傾向がつよい。彼・彼女らを仮放免させ、安心できる場所の確保、適切な医療機関への紹介、そして心理的に支えていくことが必要である。それが治療と予防の第一歩である。ところが、入管は患者に対してそのような対応をせず、むしろ隔離室に監禁した。それは自殺の危険性をいっそう助長させたことになる。

(三) 身体的病状の悪化

精神的疾患だけでなく身体的疾患についても注意しなければならない。身体的疾患の代表としてあげられるのは、先に述べたように整形外科疾患である。本来であれば、収容中は一日一回の屋外運動の機会があたえられることになっている。[*18] しかし、実際には運動回数は制限され、被収容者は狭い空間の中で一日を過ごさなければならない。

---

*17 隔離収容室には隔離室と保護室の二種類ある。前者は隔離する必要がある場合、たとえば自傷行為をした被収容者に使われる。後者は、「保護」という名前とは裏腹に、暴行を加えるために利用されることがある。「五　暴力行為」120ページを参照。

*18 被収容者処遇規則二八条

「朝から夜まで一人で部屋に横になっていると、体が痛く、だるくなってきます。頭も痛い、首も痛い、腰も痛くなってくる。するともっと体がおかしくなってくるんです。たまに意識がおもくて、年とったみたいに意識がモウロウとするんです」

収容が長期化すれば、病状は悪化していく。それは体重の減少および血圧の上昇としてあらわれていた。過度の緊張が強いられ、ストレスが蓄積してくるからである。

「おなかの痛みが時々あり、はいたりもしました。体重は六八kgから五六kgに減少し、かなりやせてきました。胸の不快な感じが数時間つづき、心臓がドキドキと速くなっていました。また、頭の髪の毛がたくさん抜けおちてしまいました」

こうした状態が長く放置されれば、どのような事態をまねくのだろうか。第二章のパトリックさんにわたしは面会したことがある。彼は高血圧をわずらっていた。そこで高血圧の管理が不十分であり注意しなければならない点を意見書で指摘した。*19 ところが、その後も適切な治療はなされず、高血圧の薬が与えられないまま仮放免となった。そして、その二週間後に彼は亡くなったのである。大阪・茨木市の入国者収容所では、あるベトナム人がパトリックさんと同様に高血圧をわずらっており、収容中に死亡している。二人の死因と高血圧との因果関係を証明するのは難しいが、収容中の不十分な治療が彼らの死をもたらした可能性は否定できない。いったい入管の医療はどうなっているのだろうか。

（四）不適切かつ不十分な医療

被収容者処遇規則によれば、収容所の所長等は、被収容者が病気にかかったり、負傷したりしたときは、医師の診断を受けさせ、病状により適当な措置を講じなければならず、また急病人の発生に備えて必要な薬品を常備しておかなければならないものとされている。*20

収容定員七〇〇名に対し診療しているのは医師一名のみで、しかも週に三〜四日だけしか勤務していない。これでは量的に不十分である。しかし、問題なのはその内容である。

●言語対応の不備

入管の医師の診察を受ける際、患者はあらかじめ申請書に記入しなければならない。ところが、その申請書は日本語でしか記載されていないため、日本語を理解できない患者にとってきわめて不親切である。しかも、診察時には母語の対応ではないため、患者は不利益をこうむっている。患者の言葉を理解することは、治療上きわめて重要であるにもかかわらず、こうした対応がつづけられている。

---

*19　意見書の内容は次のとおりである。
「被収容者の血圧は一五二／一二〇mmHgときわめて高い値を示しており、降圧剤が処方されているようですが、コントロールされていません。収容前の血圧は正常だったようで、今回の収容が血圧を高くしている一因と考えられます。この値の血圧がこのまま続けば、脳および心臓へおよぼす影響は強く、将来脳梗塞（出血）および心筋梗塞が発症しかねません。実際にめまいが頻繁に起きているようで、今後十分注意して経過を観察しなくてはなりません」

*20　被収容者処遇規則三〇条一項・二項

図　ある被収容者に与えられた薬の内容、量、期間

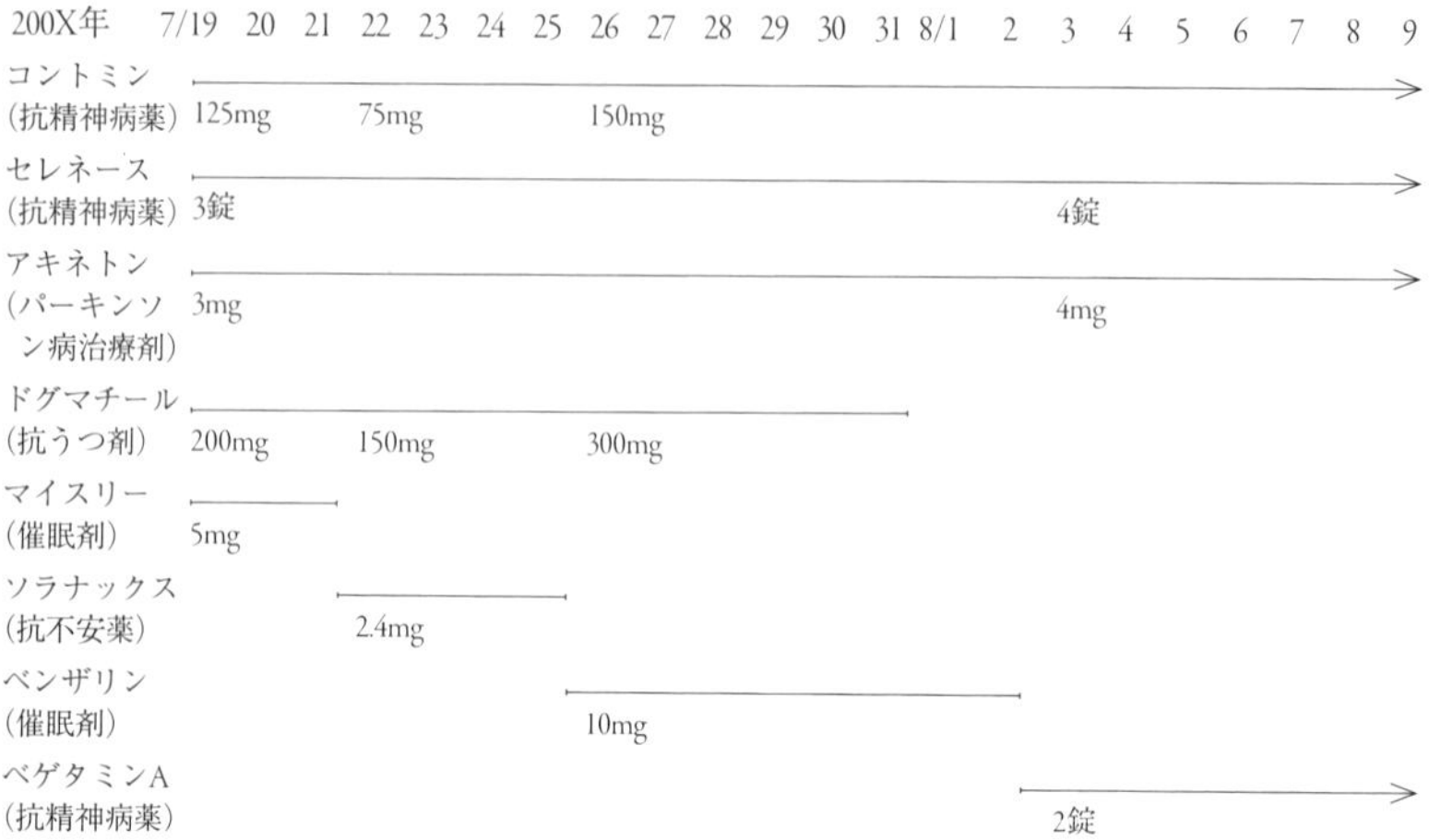

●過剰投薬

入管の医療は、根本的な治療ではなく、あくまで対症療法のみである。しかも、抗精神病薬・抗不安薬・鎮静剤・催眠剤・抗うつ剤が長期間かつ大量に与えられ、時には一日三〇錠以上の投薬に達することもある。それによって状態がおかしくなった人も出てきた。その一例を示す（図）。

「仮放免の不許可の結果を聞いて絶望的になりました。頭を壁にぶつけ、首をしめ、ほうきで自分の体をたたきつけたんです。すると医務室に連れていかれ、リラックスするための注射をさせられました。その後頭がボーッとなり、力がまったくでなくなりました。たくさん薬を飲まされたので、たえず頭がモウロウとしている状態で、他の人からみても相当おかしかったらしく、夢遊病者のようだと言われました。その後外の病院に連れて行かれ、精神科の先生に診てもらったところ、状態がひどかったのでようやく仮放免の許可が出ました。毒かもしれないと思っていた薬からようやく解放された感じでした」

彼の精神状態は仮放免後にすこしずつ回復し、現在では正常にもどっている。一部のＰＴＳＤ患者などを除き、被収容者はもともと精神的な病気をわずらっているわけではない。収容自体がさまざまな病気を引き起こしているのである。被収容者はなんらかのきっかけで興奮状態となりやすく、鎮静剤の注射や過剰投薬はかえって逆効果となる。それは入管の医師への不信感を増大させるばかりか、被収容者の精神状態を破壊しており、医療の倫理に反する行為でもある。

●緊急時の対応不備

自殺企図・意識消失・胸痛などの病状が深刻化しているにもかかわらず、そのまま放置されたり、しばらく時間がたった後に外部病院での受診がなされたりして、緊急時の対応がまったく不備である。手遅れになってしまうことが認識されておらず、病状がさらに悪化してしまう危険性がきわめて高い。

「収容所で二度ほど失神におそわれました。そのうちの一度は、入管のドクターがいませんでした。氷の枕で何時間もそのままほうっておかれました。別のときにもう一回病気になってしまいました。入管のドクターはいつも『大丈夫、大丈夫、問題ない』と言って、ちゃんと診療をしてくれませんでした。頭が痛いときも手が痛いときも同じ薬をくれるか、『薬はない』と言うかのどちらかでした」

●定期検査の未実施

日本の外国人のあいだでは結核・肝炎・ＨＩＶなどの感染症がひろがりつつある。収容施設でも結核患者が数例みつかっており、これは収容の長期化と劣悪な収容環境により結核の発症がうながされたとみていい。わたしは収容施設内の結核感染の危険性を以前から指摘していたのだが、入管はそれを認識しておらず、病気早期発見のための胸部X線写真撮影・血液検査・尿検査などの定期検査は現在も実施されていない。そうした状況では収容施設内の感染拡大はまぬがれない。

結核感染と診断されれば、外部の専門病院で一定期間の治療をほどこさなければならない。ところが、ある結核患者の処置はまったく不十分であった。

「肺に水がたまっているということで、胸の横から穴をあけて肺に溜まった水をぬきました。外の病院に一ヵ月間入院しました。その後収容所にもどりましたが、一人だけの部屋でした。結核であれば感染するおそれもあると思います。けれど入管はそれをまったく考えていませんでした」

独居房という閉ざされた空間では、患者の抵抗力をよわめ、治癒をさらに遅らせることになる。また、他の被収容者への接触者感染の有無を確かめると同時に、感染源を突き止めていかなければならない。だが、入管ではそれらはいっさい行なわれていなかったのである。

本来であれば、収容施設の所長等は、被収容者が伝染病又は伝染性の病気にかかったとき、又はその疑いがあるときは、直ちにその者を隔離するとともに、保健所に通報し、消毒を施すなどの適当な応急措置をしなければならない。[*21]

また別の結核患者はガンと誤診されていた。

「ある時から三八～三九度の熱がでるようになり、首のまわりのリンパ節が腫れていることに気づき、それが次第に大きくなってきました。そこで収容所の医師にみてもらったのですが、医師は風邪と診断し、薬が処方されました。しかし、その後も腫れの大きさは変わらず、微熱はつづいていたので、入管内で診察を合計四回受けました。医師はどうやらガンを疑っていました」

このように頸部リンパ節のガンが疑われたにもかかわらず、彼は何の処置もほどこされないまま強制送還された。

「母国についてから、連日下痢ばかりしていました。夕方になると熱があり、咳も一日中出るようになりました。そこで、ちかくの医院を受診し、首のリンパ節の腫れを話したところ、ガン専門病院へ紹介状を書いてもらいました。次の日その病院に行き、精密検査をうけたところ、ガンではなく、結核であることがわかったのです。胸部レントゲン写真では結核の影が少しみられていると、医師は説明していました。現在は結核の薬を飲んでいます。首のリンパ節の腫れは小さくなり、熱もおさまってきています」

強制送還後に母国の病院で最終的にリンパ節結核と診断されたのである。彼の場合には三つの問題点があ

＊21　被収容者処遇規則三二条

げられる。誤診していること、ガンを疑ったにもかかわらず確実な診断をしないまま強制送還したこと、母国へ紹介状を書いていないことである。これは、医師の過失として訴訟の対象となりうる。

肝炎やＨＩＶについても注意しなければならない。たとえば、肝炎やＨＩＶの被収容者が傷をおった際、その血液が職員の傷口に接触すれば感染は充分ありうる。また被収容者同士の歯ブラシやカミソリの使いまわしなどでも感染はおこりうる。入管はそうした感染症の危険性を結核と同様にまったく認識しておらず、その対策はほとんどたてられていない。

●外部病院への診察減少

医師の専門が一般内科であれば、専門以外の領域の整形外科疾患や精神疾患については、外部病院に診察をゆだねなければならない。それは医師として当然の行為である。ところが、被収容者が外部病院での診察を何度も申し出ても、すぐに許可はおりず、二週間〜六ヵ月（平均二ヵ月）待たされた後、一部の患者だけが外部病院での診察を受けられ、それ以外の多くは拒否されていた。国会議員を通して得られた牛久市の入国者収容所の資料からもそれが裏づけられている。外部病院への診察は二〇〇二年では六九九名、二〇〇三年では四八九名に対し、二〇〇四年では一八六名と極端に減少していたのである。

「ずっと腎臓が悪かった。外の病院でみてもらいたかった。一年以上頼んでいたが、連れて行ってくれなかった。しょうがないので腎臓の薬がほしいと言いつづけていた。結局それもくれなかった。これは、わたしが飲んでいた薬の日誌。睡眠薬と安定剤ばかり。腎臓の薬はない。薬の飲みすぎで胃の炎症をおこした。血圧はいつもすごく高くなっていた。一度心臓がしめつけられ、とても苦しくなった。医者を呼んでも全然来てくれなかった。別のときにもすごい痛みを感じた。外の病院に連れて行ってほしいと頼んだ。外ではなく入管の中の診察室で頭痛薬と痛み止めの薬をもらった。次の日、全身から汗がふき出た。収容されている仲間がマッサージをしてくれたりして少しは楽になった。その一週間後また同じ痛みがあったが、いくら訴えても、『あと二、三日様子をみなさい』と言うばかり」

別の患者も同様に外部病院での診察希望を無視された。

「収容されてから体調が悪くなり、頭がおかしくなりました。死にそうだから外の病院に行きたいと言っても『外の病院に行く必要がない。だいじょうぶ』と言って相手にしてくれませんでした。いつも安定剤や睡眠薬などの薬を飲まされ、眠くて仕方がありませんでした」

たとえ外部病院に連れて行かれたとしても、一般市民の目にさらされることになり、患者は精神的な苦痛をあじわうことになる。

「犯罪者のように手錠をかけたまま病院に連れていくので、病院に来ている患者はわたしに注目し、病院の職員でさえも恐ろしそうにわたしを見ました。とくに子どもたちは怖がっていて、わたしは死にたい気分になりました。だから本当に病院へ行きたくありませんでした。入管のきまりがあり、センセイは自分の仕事をしていたのですが、耐えられませんでした」

このような人の尊厳を傷つける連行方法は、それだけで国家賠償の対象となりうる。刑事事件で勾留中の被告人（日本人）が外部病院に連れて行かれた際に、両手錠・腰縄の姿が容易に見える状態で歩かされたとして、国に対する慰謝料請求が認められた例がある。*[22] しかし入管の場合、そのような人権に対する配慮はまったくうかがえない。*

●医師との信頼関係の欠如

症状を伝えても、入管の医師は触診や聴診はせず、検査もほとんど行なわず、薬や病気の説明をしていない、と半数以上の患者は訴えていた。しかも言語や文化に配慮しておらず通訳はいないため、多くの患者は病気や薬に対して不安感をいだいていた。そのため医師への不信感は増し、医師と患者の信頼関係は成立していなかった（表4）。

「わたしは収容所に入る前、体は健康だったんです。全然どこも痛くなかったんですよ。品川の収容所に入って一週間後、心臓の痛みがはじまったんです。ある日医者に行って、その医者は横を向いたまま『はい、なんですか？』と言いました。『わたしの心臓が痛いんです』というと、全然わたしの体を触らないで、薬の名を書いたんです。『これだけ？』と聞くと『これだけ』と言われました。外に出てセンセイに『彼は医者？　人間の医者と動物の医者どっちなの？　もし、人間の医者だったらちゃんと触って検査をやるんじゃないの？　わたしのはそうじゃないよ。心臓が痛いのに、ここで死んだらどうなるの？　責任とるの？』と言うと、センセイは『わたしは分からないんですよ。部屋に帰ろう。帰ろう』と言いました。本当になんでもないのかわたしは心配でした。外で医者に行けば、いろいろ検査して、体をチェックして、どこが悪いかどこが悪くないか教えてくれるんですよね。入管ではそういうことやらないんです。人を見ているだけです」

そうした診察後に説明のないまま出された薬を患者は無理に飲まなければならなかった。

「朝昼夕夜の点呼の時には正座したまま壁にもたれてはならず、名前を呼ばれるたびにハイと返事をしなければなりませんでした。そして職員の前で薬を飲まなければならず、飲んだ後、職員が飲んだかどうかを確かめるので、それを拒むことはできませんでした。どんな薬を飲まされているのかまったく分からず、薬の副作用も入管の医者も恐かったです」

表4　入管内での医師の対応とその信頼性

対象者数=135

	あり 例数(%)	なし 例数(%)
通訳の有無	11 (9)	105 (91)
触診／聴診の有無	65 (50)	65 (50)
検査の有無	57 (49)	60 (51)
病気の説明	44 (37)	75 (63)
薬の説明	59 (50)	59 (50)
薬の不安	93 (80)	23 (20)
薬の効果	17 (15)	100 (85)
医師への信頼	13 (11)	108 (89)

＊22　大阪地裁平成七年一月三〇日判決、同判決の控訴審である大阪高裁平成八年一〇月三〇日判決。

そして多くの患者は医師の置かれている立場と質をよく理解していた。

「入管のドクターはわたしたち外国人を治療する意欲にとぼしく、患者にまともな態度で接していませんでした。医療情報をわたしたちにまったく教えず、診断書も書きませんでした。重い病気をわずらっている患者がいても、適切な対応をしていませんでした。入管のドクターはセンセイたちの指示に従っているだけなのです」

●経過観察の不備

仮放免後や強制送還後に引きつづき治療しなければならない患者であっても、収容中に処方されていた薬や病院への紹介状は渡されていなかった。ガンと誤診された患者は次のように語っていた。

「強制送還された日に入管の医師からの薬や紹介状はいっさいありませんでした。皆無です。ただゴミをすてるように日本から追いだされたのです」

これは明らかに医療の倫理に反する行為である。

質的にみても不十分な医療対応しかできないのは、医療行為が入管組織から独立しておらず、治療よりも収容と送還を優先しているからである。

五　暴力行為

収容施設での暴力の行使は今にはじまったことではない。一九五〇年に長崎県大村収容所が発足して以来、幾度となく繰り返され数多くの負傷者を出してきた。それは時にマスメディアに報道され、政治家などの監視を受けることになった。おそらくその経験を入管は学習したのだろう。密室における暴力装置を作りあげたのである。

すべての入管職員が暴力的とは思われない。それはごく一部にすぎない。そのなかから暴力的な職員が選ばれ、作られていくのだろう。また隔離収容室は、反抗的な人間に対し、二四時間たえず監視し、恐怖感をあたえ、孤独感をあじわせ、従順にさせる環境装置である。そこでの出来事は外部にけっしてもれない。被収容者にとって隔離収容室は恐怖の対象である。このように選ばれた暴力的職員と隔離収容室が、被収容者の抵抗を抑えるために一定の役割をはたしている。

それでは暴力的でない職員はどうなのか。職員でさえおたがいの名前を知らないらしい。自己意識ははぎとられ、規則にしたがわされ、これまでの「わたし」は消されていく。職員は無機質な建物のなかで管理され隔離されることで、自分たちとは異なった人間という感覚におちいるだろう。おたがいの人間としての付き合いはなくなり、感情を抑えるようになる。もめごとがあっても、なんとか切り抜ける術を身につけていく。職員による暴行があったとしても、同僚や上司からの圧力があり、それを止めさせることはできない。職員の人間性はこうして次第にうしなわれていく。かつて職員による内部告発があった。入管では被収容者に対して日常的に暴行がくわえられ、それに耐えられなかった、と彼は告白している。[*23] 暴力は、それを行なう側だけでなく、傍観する人間の良心をも破壊している。その点で職員も「被害者」なのかもしれない。

(二)暴行および隔離収容室での監禁

絶対的な権力者としての職員と無権利状態の被収容者。それでも被収容者は収容施設の待遇改善の要求や抗議行動をこころみている。ところが、入管はそれに対して制圧で応じており、その過程で被収容者が暴行を受けた事件は二〇〇四年だけで二件ある。そのうち一件は「国際人権デー」に起きた。[*24] その際に腕に切り傷を負い捻挫した被収容者は隔離室に入れられた。そのあいだ母国での過去の拘束体験がよみがえり、職員の暴行に対して強い恐怖と憤りを感じていた。そのときの体験が現在でも彼の頭にやきついてはなれていない。

「待遇改善を要求しようと、わたしたち外国人五〇人くらいで、一日だけのハンガーストライキをやった。するど楯と棍棒をもったセンセイがいっぱい来て『早く部屋に帰れ』と力ずくでわたしたちの部屋にもどそうとした。このとき、わたしは手と足にケガをしたが、治療されず、隔離室に四日間閉じ込められた。暖房もない寒い部屋で換気扇が回っていたので、体調をくずした。一人だけだったので怖い思いがした。強制送還されるのではないかと毎日怖かった。本当に怖かった」

暴行の証言は他にもある。前節で述べた自殺未遂のバハマンさん[*25]は隔離室に入れられた。その後連れていかれた保護室で暴行を受けたときの様子を克明に語った。

「目を覚ましたらビックリした。何でここにいるのかわからなかった。どうしてわたしがここにいなければならないのか。ふつうはセンセイや他の人とケンカした人が入れられる部屋（註：隔離室）だ。カメラがついている部屋だった。この部屋の中でトイレの用たしもカメラの前でしなければならない。私は人間だから動物ではない。いくら呼んでもセンセイが来ない。そこで私は暴れた。そしたらセンセイが来た。口論した後にセンセイは頭にきたらしく、私のことをバカ野郎この野郎と悪い言葉をつかった。わたしはドアをけった。すると一〇人ぐらいのセンセイが来て、別の部屋（註：保護室）に連れていかれた。部屋はみんな木でできている。壁も床も木でできている。窓はなく電気も明かりもない部屋だ。そこで足に手錠をはめられ、手を背中に回して後ろで手錠を無理やりかけられ、わたしは寝かせられ、そのまま放置された。その状態でも自分でなんとか立つことができた。ものすごい勢いで頭をドアにぶつけたところ、センセイたちがいっぱい来た。『なにやっているのか。死にたかったら殺してやる』と言って、わたしを足でけっとばした。そしてセンセイたちは私の顔をトイレの水の中

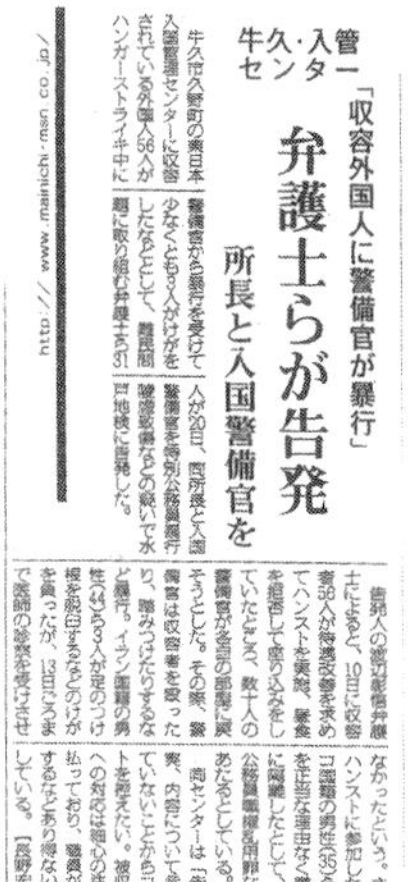
管理センター
牛久・入管
「収容外国人に警備官が暴行」
弁護士らが告発
所長と入国警備官を

牛久市久野町の東日本入国管理センターに収容されている外国人56人がハンガーストライキ中に警備官から暴行を受けて少なくとも3人がけがをしたなどとして、難民問題に取り組む弁護士ら31人が20日、同所長と入国警備官を特別公務員暴行陵虐致傷などの疑いで水戸地検に告発した。

告発人の弁護士によると、19日に収容者58人が待遇改善を求めてハンストを実施、昼食を拒否して座り込みをしていたところ、数十人の警備官が各自の部屋に戻そうとした。その際、警備官は収容者を殴ったり、踏みつけたりするなど暴行。イラン国籍の男性(44)ら3人が足のつけ根を脱臼するなどのけがを負ったが、13日ごろまで医師の診察を受けさせなかったという。また、ハンストに参加したトルコ国籍の男性(35)ら6人を正当な理由なく懲罰房に隔離したとして、特別公務員職権乱用罪などにあたるとしている。

同センターは「告発事実、内容について承知していないことからコメントを控えたい。被収容者への対応は細心の注意を払っており、警備官が暴行するなどあり得ない」としている。【長野宏美】

http://www.mainichi.co.jp/

毎日新聞（2004年12月21日付）の記事

＊23 入管問題調査会編『密室の人権侵害』（現代人文社、一九九六年）を参照。

＊24 朝日新聞、毎日新聞、読売新聞二〇〇四年一二月二一日付を参照。

＊25 「四　医療問題」106ページを参照。

に押しこんだりした。本当にあのセンセイたちは人間ではない。二〇人ぐらいのセンセイたちに殴られ蹴られ、殺されそうになった。暴行は一〇分ぐらい続いたように思う。ごめんなさいもうしません、と何度も謝ったらようやくやめた」

職員は自殺をはかろうとした人に対し隔離収容室に入れるだけでなく、暴行をくわえたのである。治療はもちろんない。人間性を踏みにじられたくやしさがいっぱいだったのだろう。暴行直後に面会した支援者によれば、彼は涙ながら訴えていたという。

自殺を図った者を隔離収容することは被収容者規則によって認められてはいるが、[*26]隔離の必要性がなければ、それを中止しなければならない。手錠の利用もまた、自殺などを防止するために他に方法がない場合に限って、必要最小限の範囲で認められているにすぎない。[*27]右記の例では、このような要件を充たしていない。[*]

幸いにもバハマンさんの打撲の傷は治癒した。

ところが、暴行によって頚椎椎間板症の重い障害が残った被収容者もいる。それがパキスタン人のアリさんである。彼は日本人妻とその間に生まれた子どもと一緒に暮らしていた。ある日盗みを働いているところをみつかってしまい、彼はつかまった。裁判で有罪の判決がくだされ、刑務所で一年間過ごした。服役した後彼は「不法滞在」の理由で入管に収容された。そして収容直後に職員から暴行を受けたのである。

「牛久に収容されてから数日後、センセイから『帰国同意のサインをしろ』と言われましたが、『殺されてもサインはしたくない、子どもと離れたくない』と言いました。けれどわたしは座らされ、センセイ三人で私の頭と両腕を押さえつけられました。彼らは暴力団のようにひどい言葉を使い『国に帰れ』と言いました。『サインしたくない、死んでもサインしません』と答えたら、別の部屋に連れていかれました。その部屋の監視カメラが布きれみたいなものにかぶされていたのを覚えています。部屋のドアが閉められたとたん、わたしは倒されうつぶせにさせられました。三、四人のセンセイたちによって両足を曲げさせられ、両手を後ろにまわされ、わたしは身動きできない状態となりました。センセイたちの手やひじで首を殴られ、足で顔や腰を強く踏みつけられました。『やめてください』と言って泣きながら頼みましたが、『なに言っているこの野郎、やめねえよバカヤロウ』と言いました。一人は足で首を踏みつけ、『サインしろ、この野郎』と言いました。そして、蹴ったり殴ったりしたのが長く続きました。ほんとうに息もできず、殺されるかと思いました。暴行が終わったあと、階段の上までセンセイ二人にひきずられ、壁につかまりながらやっと部屋のなかに入りました。くやしくて部屋の人たちに泣きながら話しました。暴行直後から首から腕にかけて痛みがでてきて、腕はシビレ、力が入らず、首を動かすことはできませんでした」

(二) 暴行後の対応

ところで、暴行を受けた後の対応はどうだったのだろうか。

＊26　被収容者処遇規則一八条一項三号
＊27　被収容者処遇規則一九条一項二号

アリさんは手術を必要とするほどの重い障害が残った。それにもかかわらず、入管の医師は症状を聞いただけで診察らしい行為をしておらず、二ヵ月も放置されていた。

「首から腕にかけての痛みと腕のシビレ、そして首を動かせないのがつづいていました。収容所の医師に三回診察を受けましたが、『だいじょうぶ、だいじょうぶ』と言って終わりでした。『中に入っているとストレスを感じるのでしょう、外に出ればなおるよ』と言って、薬が出されました。それはたぶん安定剤でしょう。ほかのセンセイにも暴行を受けたことを訴えましたが、『そんなことはないだろう』、『なんでもないよ、こんなの』と言われ無視されました。笑って冗談を言ってわたしをからかいました。『外の病院で診てもらいたい』と頼みましたが、行かせてくれませんでした。一度、外の病院から医師が来たときに『首の状態が非常に悪い。外で診てもらったほうがよいでしょう』と言われました。それでようやく外の病院に行くことになりました。レントゲン写真を撮り、『骨がずれていて、神経が圧迫されている。だから腕がシビレている』と言っていました。暴行から三ヶ月たって、別の大きな病院へ三人のセンセイと一緒に出かけました。その病院の医師に暴行を受けたと話したら、『信じられないな、そこまでひどいことをするのか』と言っていました。看護婦にも話したところ、そばについていたセンセイは『そんなことしてない、ガイジンは嘘をついている』と言っていました」

アリさんはその後も外部の病院に通院したが、痛みとシビレの症状はつづいていた。
アリさん以外にも暴行を受け症状の悪化した人がいる。彼は腰痛がひどくなり車イスの状態であったにもかかわらず、仮放免されるまで専門医による診察はなかった。さらに精神科の専門医でないにもかかわらず、副作用のチェックをしないまま、入管の医師は抗精神病薬の過剰投与をおこなっていた。

「暴行を受け意識を失い、目が覚めたら外の病院にいました。しかしなにを聞いてもだいじょうぶとしか医師は答えてくれなかったことを覚えています。腰や体全体が痛くて病院でこのまま診てもらいたいと頼みましたが、ダメと断られ薬をもらい、入管にもどりました。暴行を受ける前から腰椎椎間板ヘルニアでしたが、これで腰痛がさらにひどくなりました。一、二週間は体中が痛かったのですが、車イスの状態がつづき、いつも痛み止めを飲み、横になっていました。運動不足のため足が細くなり、体調がおかしくなりました。また、薬をたくさん飲まされ一日中頭がボーとしてしまい、日常生活に支障がでてきていました。『どうして、この薬が処方されているのかを説明してほしい。薬の副作用ではないでしょうか』と訴えても無視されたままでした。暴行から仮放免までの三ヶ月間わたしは車イス生活でしたが、外の専門病院に連れて行ってもらえなかったし、入管職員の扱いもよくありませんでした。たとえば、洗濯した衣類を移そうとしてもできないため、センセイにそれを頼もうとしたら、『それは自分の仕事ではない』と言ってやってくれませんでした」

(三) 国家賠償請求裁判

刑務所ではこれまで数々の暴行事件が発生している。同じ法務省が管轄する入管収容施設でそれが起きても、なんら不思議でない。他にも多くの暴行例がきっとあるにちがいない。それをつかむことが難しいの

訴えども強制送還
弁護人「立証を妨害」
「暴行受けた」と追及中
控訴段階…寸前で回避

朝日新聞（2004年7月22日付）の記事

は、暴行を受けた被収容者のほとんどが母国に強制送還されてしまうからである。

　アリさんは暴行一年後に突然パキスタンに強制送還された。[*28] 彼の声がわたしたちの耳に届いたのはまったくの偶然であった。たまたま支援者が強制送還後も彼と連絡をとれていた。わたしが別の用件でパキスタンに行くことになり、そのついでに彼を訪ねたにすぎなかった。そこではじめて暴行の事実を詳しくつかむことができたのである。現在でも首から腕にかけての痛みとシビレがつづいているアリさんは次のように語っていた。

「盗みを働かなければ、こんなことにはならなかった」

　それは率直な心情吐露なのだろう。彼は罰せられ、一年間服役し、罪をつぐなった。彼はみずから犯したあやまちをくやんでいる。入管に収容されたことは仕方ないにしても、暴行を受ける理由はどこにもない。彼は障害が残り、働けなくなってしまい、一生を台無しにされた。盗みをして彼が罰せられたように、暴力をふるった職員も同様の処置がなされるべきではないだろうか。彼は訴訟を望んでいた。彼の声を代弁するべく、わたしたちは入管の人権侵害を告発することにきめた。職員から暴行がくわえられ、適切な医療がなされず、後遺症がのこり、精神的苦痛を受けた被害者が、アリさんの他にもう二人いた。三名の国家賠償責任を追及するため、牛久暴行訴訟弁護団を結成し、二〇〇五年一二月に訴訟をおこした。

訴訟において入管側は、予測したとおり暴行の事実を否定し、かつ治療も適切に行なっていると主張している。かつて入国管理局内部における暴行が問題となった事件では、ビデオもなく、暴行の事実を立証するのが極めて困難だったために、敗訴してしまったこともあった。今後証人や被害者本人から裁判所で証言をしてもらうなどして、事実の解明を進めていく予定である。[28]

六　仮放免

収容中の「精神の拷問」から解放される唯一の手段として仮放免があるが、その手続きにも問題がある。そもそも仮放免がされるかどうかの基準は極めてあいまいである。法律上は、被収容者の「情状及び仮放免の請求の理由となる証拠並びにその者の性格、資産等」を考慮するとされているが、許可された場合はもちろん不許可とされた場合に具体的にどのような事情をどのように考慮しているか、まったく明らかにされていない。そのため、不服を述べるにしても、また、再申請をするにしても、何が足りずに不許可になった

＊28　朝日新聞二〇〇四年七月二二日。また、「七　強制送還」135ページを参照。
＊29　入管法五四条二項

のかが分からないから、雲をつかむような思いで行うしかない。仮放免申請してから結論が出るまでの期間もまちまちで、三カ月、四カ月待ったあげく、何ら理由も示されずに不許可ということだけ通知されることは、日常的に行われている。

運よく仮放免が認められても、その後の被害はつづいている。

（二）仮放免後の生活

たとえ仮放免されても、生活していくことはきわめて厳しい。ある収容経験者は長期間の収容により元の職場に復帰できず、収入の道がとだえていた。別の収容経験者は友人やキリスト教会から借金をしなければならなかった。

「仮放免のための保証金は五〇万円でした。収容されていた一年三ヵ月間働いていないので、まったく収入がありません。収入は妻のアルバイト代のみです。さらに下の子の帝王切開の費用でお金が足りません。仮放免で出られると言われてもお金がなく、いつ出られるのか不安でした。結局、教会から三〇万円借りました。今、借金は全部で一五〇万円あります」

また、入管は時に仮放免後の就労を禁止している。それは出国を強要していることになり、別の形をとった強制送還ともいえる。

「今後どうするって？　仮放免中は仕事をするなと言われた。それではどうやって生活していけばいい。日本にいても仕事はできない、病気はなおらない、じゃあ、どうしようもない。自分でもどうしたらいいのかわからない。本当にきつい。わたしはもう三七歳。こんな年になって、家族と生活することができないなんて。なぜ自分が日本に来たのかわからない。日本人に対して悪い気持ちはない。日本政府はダメ。弱い立場のものをいじめてばかり」

外国人や難民申請者は日本に希望を抱いてやってきた。そして平和な生活を築いてきた。ところが、収容されたことで夢は打ちくだかれてしまった。収容経験者は日本に対し強い不信感をつのらせている。

「日本人は優しいです。けれども収容後その思いは変わりました。日本に来てわたしに残ったのは、ボロボロの体だけです。これから五〇歳、六〇歳になったときのことを考えるとさびしいです。次にまたつかまるかもしれないと考えると不安です。一番くやしいのは、ビルマの民主化にとって大事な時に収容所内で時間を無駄にさせられたことです。同じ思いを仲間にさせたくはありません。第三国へ行くことも考えていますが、その前に今の日本の入管を変えなければなりません。入管は、体をさわらないままに、わたしの心を殺しています」

（二）仮放免後の健康

わたしは二〇〇四年から外国人支援団体の事務所で難民の無料医療相談をおこなっている。*30 二〇〇七年一月の時点で二七〇名を診ており、そのうち一六九名（六三%）が収容施設に収容されていた。引きつづき治療を必要とする患者であっても、収容中の処方薬や病院への紹介状はいっさい渡されていなかった。*31 そして収容中の病気をひきずっており、収容経験者の心と体の傷は深くなっている。

「入管を出てから全然仕事ができない。身体がボロボロになっている。牛久に入れられている人ほぼ全員ダメになる。病気になる」

健康保険がないため、医療費の負担は大きい。腰痛症が悪化した状態で仮放免となった収容経験者は医療費を支払うことができず、結局治療を断念してしまった。

「仮放免後、車イス状態はしばらくつづいていましたが、健康保険はなく、お金がないので病院に行けませんでした。これではよくならないと思い、自分でリハビリ訓練をしながら、三ヵ月後にようやく歩けるようになりました。それでも杖を使わなければならない状態でした」

狭い空間に長いあいだ収容されていたため、場所と時間の感覚を容易につかむことができず、正常な日常生活を取り戻すのにかなりの時間を要している。

「電車から降り、その電車が発車した音を聞いたら、自分がどこにいるのか分からなくなりました。これから自分がどうなっていくのか本当に怖い」

仮放免されてからも月に一度は入管に出頭しなくてはならず、再収容と強制送還にたえずおびえながら暮らしている。

「仮放免されましたが、また入管に入れられるのではないかといつも不安です。今度入管に入ったら自殺すると思います。収容されていた一年半のあいだ、毎日文句言って、毎日仮放免を待って、毎日泣いて、毎日手が震えて、毎日心臓がドキドキして、ハーハー言いながら過ごしたのです。ものすごくつらかった。あそこに入ったらもう生きてはいけません。人ごみの中を歩いていると、すごく大きな音が鳴っているように聴こえ、頭が押さえつけられ、ペタンコにされるみたいな感じがします」

こうした不安を抱える収容経験者の中には、精神科医によってＰＴＳＤと診断された人がいる。

＊30　山村淳平「日本の難民の医療状況——医療相談をとおして」(『公衆衛生』、医学書院、二〇〇六年五月号407〜411ページ）に詳細が報告されている。

＊31　「四　医療問題」118ページを参照。

「仮放免されてから、医師はいくつかの検査をおこなった後『体には問題ありません。精神的にダメージを受けています』と言っていました。なにもする気がおきず、すぐに物事を忘れてしまい、体がだるく、力もでません。気分が悪くなり、ご飯も食べたくないです。眠れず、時々めまいがおきます。息もできないことがあり、苦しくなります。体がしびれ、足の関節も痛みます。いつも悪い夢を、とくに収容されているに、しつこく出てきてわたしに話しかけてきます。彼から避けようとしても避けられません。顔をみたくないの夢を何度もみます。その夢のなかで職員やわたしをいじめた医者があらわれてきます。逃れようとしても逃れられません。苦しい。一ヵ月に一度品川の入管に行かなければならないのですが、行くたびにいつも手がふるえ、心臓がドキドキし、緊張します。センセイの声におびえてしまいます。ほんの小さな音でもビクッとします。入管でおきたことが頭からはなれません。怖い……」

ある難民申請者は、高血圧のため収容中に二〇回ちかくも意識消失発作を繰り返していた。入管の医師の診察を受けていたが、症状は次第に悪化していった。それでも外部病院には連れて行かれなかったのである。収容八ヵ月後に仮放免され、病院でようやく適切な治療を受けられるようになった。その後、意識消失発作はなくなり、病状は少しずつおちついてきた。

彼は長いあいだ収容されていたため、うつ状態がつづいていた。顔はたえずうつむいており、表情は乏しく、言葉は少なく、宿泊所から外出することはほとんどなかった。数日たってからようやく外に出て、近くの川沿いを散歩した。暖かくなってきた春の霞空を見あげながら、自分が解き放たれたことをはじめて実感したのだろう。彼は笑顔を見せ、静かにゆっくりと話しはじめた。

「ウシクから出てきたのだ……生まれ変わったようだ……本当に生き返った気持ちだ」

なんら罪を犯していない外国人を長期間収容することは、彼の言葉が語っているように人間性を破壊する行為と言わざるをえない。

七　強制送還

収容は退去強制手続きを円滑に進めるための一過程であり、入管の目的はあくまで送還である。それでは、送還はいったいどのように行なわれているのか。母国に帰された後に外国人はどのように過ごしているのか。とくに難民申請者のその後の状況はどうなっているのか。それらのことを誰も知らない。それを確かめるためにわたしはパキスタンとイランに出向き、強制送還者六名の証言を得た。[*32] なお、送還された難民申請者に接触すれば、当局からの危害がおよぶため、直接会うことをひかえた。それをおぎなう形で、支援者

*32「一　収容者とわたしたち」77ページを参照。

から得られた証言および海外からの情報を使用している。

（一）送還の実態

法律上、強制送還は国費によって行われるのが原則であり、送還に要するチケット代などを自分で準備する「自費出国」は例外として位置づけられている。しかし、二〇〇五年中に退去強制された者の総数三万三一九二人のうち「国費出国」されたのは一九二人、全体のわずか〇・五八パーセントを占めるにすぎず、実態としては原則と例外が逆転している。[*33] そして、国費による強制送還は、被収容者本人や家族に事前に伝えられないまま突然執行されている。[*]

その国費送還は次のようにおこなわれていた。

強制送還時の様子。大勢の入管職員にとりかこまれ、抵抗すると手足を押さえられ殴られた。

職員一〇～二〇名が突然部屋に入ってきた。部屋の外の廊下では他に二〇～三〇名の職員が待機していた。被収容者は体をおさえつけられたまま別の大きな部屋に連れていかれた。一〇～二〇人の職員にとりかこまれ、入管の責任者に強制的に帰国させられることを告げられた。抵抗すると足や手を殴りつけられた。手錠をはめられ、入管のバスに乗せられ、被収容者一人に対し一〇～二〇人の職員が同乗していた。成田空港に到着すると被収容者用の部屋で待機させられた。飛行機に搭乗すると、手錠ははずされ、職員三～四名が周りを囲むように座わり送還先国まで同行した。

被送還者六名がほぼ同様の証言をしていた。そのうちの一例としてアリさんの場合を示す。

「ある日の朝、話があるといわれて、大きな部屋に連れていかれました。そこでは職員がたくさん並んでいて、『ビザが切れているから国に帰れ』と言われました。『わたしは病気をもっているし、帰れない。子どもも奥さんも日本にいる。もしどうしても帰されるのなら一度でいいから子どもに会いたい』と頼んだのですが、ダメでした。わたしに手錠をかけて空港まで連れて行きました。飛行機の中では職員三人がついていて、横に二人、前に一人が座っていました。入管でもらっていた痛み止めやシビレの薬はいっさいもらえず、パキスタンの病院への紹介状も書いてもらえませんでした」

また、送還時に抗精神病薬や催眠剤などを大量に飲ませられ、意識がほとんどないまま送還された人もいる。

「ある日の昼頃、大きな部屋に連れて行かれると、センセイがたくさんいました。責任者に『国に帰りなさい』と言われましたが、拒否すると、センセイたちの手で体を押さえつけられ、手で殴られ、足でけとばされました。この暴行が終わってから、センセイは『医師が薬の安定剤をだしたから飲みなさい』とむりやり薬六錠を飲ませようとしました。少しだけ薬を残すと、センセイは『残りも飲みなさい』と言いました。部

＊33　入管法五二条四項

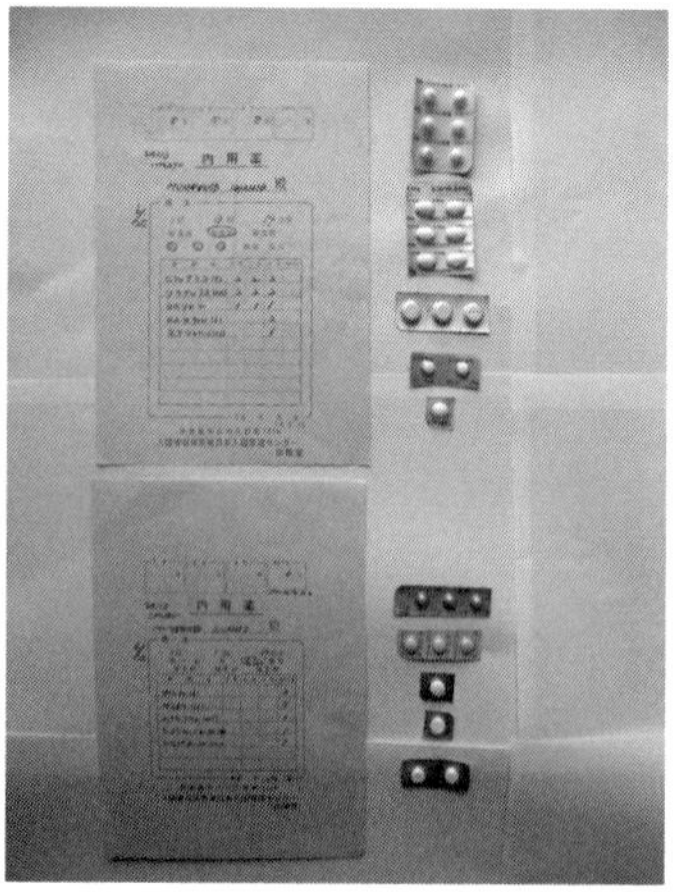

処方箋の袋および1日分の同種類かつ同量の薬。その袋には強制送還された日付が記入されている。

屋にもどされた後に意識がボーッとなりました。午後六時ごろになると薬八錠をセンセイの前で飲まされました。午後九時にも同様に薬九錠を飲まされました。その後意識がまったくなくなってしまいました。翌朝食事はなく、薬五、六錠をセンセイの前でまた飲まされました。その後手錠をかけられたのは覚えていますが、意識はほとんどなく、飛行機の席に着いたのも覚えていません」

送還時の大量投薬について入管側は否定している。だが、以前にも注射で意識をモウロウとさせた状態で送還したこと[*34]、抗精神病薬・抗不安薬・鎮静剤・催眠剤・抗うつ剤などの大量かつ長期間投与は収容中からかなりの頻度で行なわれていることからみても[*35]、抵抗できないように強制送還時に薬を投与し意識をうしなわせてもなんら不思議ではない。しかも彼は強制送還前にあたえられた薬の処方箋の袋を証拠として持ち帰り、手元に残していたのである（写真）。

また、強制送還時に一人に対して職員数名が同行しており、往復航空券を含めた交通費・滞在費・人件費は大きな出費となる。これらすべてに国民の税金が使われている。それほどまでにして強制送還を行なう必要があるのだろうか。

（二）送還直後

そのようにして送還された後に被送還者はどのような状況におかれるのだろうか。その事情について語った人がいる。突然の送還だったため、手持ちのお金はまったくなく、彼はパキスタンの入管職員や宗教関係者に助けられたのだった。

「イスラマバードの空港に着くと、わたしはパキスタンの入管職員と話しました。わたしが超過滞在だから強制送還されたと説明をすると、彼は『パキスタンの住所はどこか、お金はあるのか』と聞いてきました。強制送還が突然のことだったので、身の回りの物しかなく、お金がないことなどすべてを話しました。すると、パキスタンの入管職員は同情してお金をくれました。その日の夜は空港で夜をあかしました。帰る途中モスクに寄り、これまでの経過を宗教関係者に話し、親や兄弟が住んでいるカラチの住所や電話番号を示したところ、彼は交通費を出してくれました。そこから列車に乗り、二四時間かけてやっとの思いで故郷のカラチにたどり着きました。空港に着いてから三日後のことです。長いあいだわたしは母国に帰っていませんでした。突然わたしがもどり、みんなビックリしました。お母さんはわたしのやつれた顔を見て倒れ、それで病院に入院してしまいました。あまりにもショックが大きかったのでしょう。お母さんはたくさん涙を流しました。妹も泣きました。みんな、わたしが入管に収容されていたので、ずいぶん心配

＊34　朝日新聞一九九九年一二月二七日
＊35　「四　医療問題」110ページを参照。

していました」

その他にも持ち物や貯金などすべてを日本に置きざりにしたまま送還された人がいる。

「強制送還される際、持ちものは身の回りの衣服だけでした。家においてあった本・調理器具・家具・服・電化製品はもちろん、日本の銀行に預けていたお金も引き出せないまま突然送還されてしまったのです。ヒドイでしょう、これは。これまで働いてやっと貯めたお金をどうやって取りもどしたらいいのでしょうか」

日本で長く生活していた人は、母国での生活基盤がないため、送還後すべて一から始めなければならなかった。

「現在アパートを借りているのですが、ベッドはなく、マットレスだけです。日本に三〇年以上住んでいたので、母国に身よりはもちろんありません。わたしの所持金は底をついてしまいました。これからわたしはどうやって暮らしていけばいいのでしょう」

突然の送還は長いあいだ蓄えてきた人の財産を奪っているのである。

（三）送還後の健康

収容中に重い病気をわずらっていたにもかかわらず、送還時には薬があたえられず、送還先国の病院への紹介状も渡されていなかったことはすでに述べた。*36 その病気は続いており、なかには悪化していた被送還者もいる。暴行を受けたアリさんがそうである。

「お金がないので、いまは薬をほとんど飲んでいません。日本の医師に手術をしなければどんどん悪くなると言われていたけれど、本当に悪くなっている。体中がいつもシビレている。首から左腕の痛みが強くなってきています。物を持つこともできない。だから仕事はできません。暴行をされる前は、病気もケガも全然なかった。恥ずかしいけれど、今は妹の助けで食べている。地元の町医者に行くけれど、薬もなにもないから、『ごめんなさい、なにもできない』と医者は言って、痛み止めの薬を出してくれるだけです。一週間に三回か四回通っています。飲んでも治らないけれど、ちょっとだけ楽になります。いまは歩くことはできるけれど、それさえもうすぐダメになるかもしれない」

強制送還するにしてもその後の状況を考慮し、とくに重症の患者に対しては母国での治療継続につなげていかなければならないが、それがいっさい行なわれていない。繰り返しになるが、これは明らかに医療の倫理に反する行為である。

＊36 「四　医療問題」118ページを参照。

身体的な障害が残らなくても、配偶者や家族から突然引きはなされてしまったショックで精神的にたちなおれない被送還者もいる。

（四）家族への想い

「突然妻（註：日本人）と離ればなれになってしまい、気持ちがおちこんでしまいました。食欲はなく、風邪をひき、体が痛くなり、体調はすぐれず、いつも病院に行っていました。今ではなんとか回復していきます。一九ヵ月間収容されたこと、むりやり帰されたことを思い出すと、頭が混乱してしまい、どうしていいのか分からなくなります。それは心が痛むし、もう一度病気になりそうです。だから意味ありません。これからの生活のことしか考えません。今は仕事をやっているし、問題はお金のことではありません。妻と遠くはなれているのが心配です。妻のお母さんが最近亡くなりました。妻を慰めようと思っても、わたしは日本に行くことはできませんでした。これは本当につらかったです」

被送還者の中には、日本に残してきた子どものことを心配するあまり、仕事のやる気は失せ、ほとんどなにもできない状態の人もいる。

「おなかが痛く、足とか体も痛い。一週間ぐらい体の調子がおかしくなり、病院に通った。本当にここは母国なのかと実感するまで時間がかかった。今は病院に行っていない。仕事はしていない。タクシーの運転手をちょっとした。住所を聞いてもまちがえちゃう。子どもを乗せると自分の子どものことを思い出し、運転を忘れちゃう。人の命を預かる運転はできない」

送還されてからも日本に残している配偶者や子どもへの想いはつのっている。突然の強制送還は、長いあいだ蓄えてきた人の財産を奪うだけでなく、人生をも台無しにさせている。

（五）難民申請者のその後

強制送還のもっとも大きな問題は、難民申請者のそれである。しかし、どれだけの難民申請者が強制送還されているのか、その後の迫害がどうなのか、正確な情報を得るのはきわめて難しい。

現在、その経過が把握できているのは、イラン難民申請者四名だけである。[*37] イランに強制送還された後、しばらくしてから支援者に電話があり、本人あるいはその家族と連絡をとることができた。支援者によれば、全員が当局からの迫害を受けていたという。そのうちの一人が支援者に次のように語っていた。

「テヘラン空港で拘束され、三ヵ月間刑務所に入れられました。保釈金を積んで釈放されましたが、体調がすぐれず、仕事はできず、金はなく、イラン国籍を証明するものもないため、生活が苦しい」

＊37　他にクルド人のK氏とその息子がトルコに強制送還された例がある。K氏はその後第三国で無事保護されたが、息子は徴兵されたままである。

他の二名も同様に多額の保釈金を払い六ヵ月後に拘束をとかれたらしい。ところが一名は、ロンドンに住んでいる家族に支援者が問い合わせたところ、テヘランの警察にまだ拘束されているとのことだった（二〇〇五年の時点）。

イラン難民申請者についてみると、他の国からの強制送還者も同様の経過をたどっている。カナダでは二〇〇五年に多くのイラン人が強制送還され、テヘラン到着後に当局に尋問され、暴行をくわえられていた。[*38]オーストラリアの人権団体の報告書[*39]によれば、宗教改宗により難民申請していた二人が強制送還され、テヘラン空港できびしく尋問され、三日間警察に拘束されていた。キリスト教になぜ改宗したのかを問いつめられ、オーストラリアの収容施設にいるイラン人たちの情報を探ろうとしていた。さらに、二〇〇四年二月にはノルウェーからの難民申請者がイランに強制送還され、その二週間後に殺害されたという事件が起きている。[*40]他の国籍の難民申請者についても、確認されていないだけで、母国で刑務所に入れられ、殺され、行方不明になったりする例は数多くあるにちがいない。

また、強制送還前にイラン大使館職員が収容施設を訪れており、[*41]イラン大使館が強制送還に深くかかわっていた。本人の同意のないままイラン大使館が一次旅行許可書を発給し、それを用いて入管が強制送還にふみきっていたのである。難民申請者ではないが、イラン人のバハマンさんはイラン大使館の関与で強制送還されたことを証言している。法務省の入管は、難民申請者とはどのような人たちなのかを理解していないと同時に、彼・彼女らが強制送還されればどのような迫害が送還先国で待ちうけているのかをまったく認識していない。強制送還は難民申請者にとって時に〈死〉を意味することもあるのだ。

八　入管の「国際化」にむけて

長期の収容は人の自由をうばい、家族をひきさき、病気をまねき、暴行による障害をもたらしている。それらの後遺症は仮放免後や強制送還後もつづいている。外国人は二重、三重の被害にあっているといっていい。こうして心や体が傷つけられた外国人は、最初にいだいていた日本に対しての良い印象を変えていき、長いあいだつみ重ねられてきたおたがいの良好な関係を断ってしまう。それは大人だけでなく、その国と日本との絆をむすぶ次世代の子どもをうしなってしまうことにもなる。

入管が収容と送還を強制的かつ機械的に繰り返していけば、人に対する配慮は欠落していく。そのような入管制度は職員自身の精神をむしばみ、非人間的な態度にさせていく。それが高じれば無理な制圧と暴行、送還時の暴力をまねく。それらは、日本が締結している人権関係の条約、子どもの権利条約、拷問等禁止条約、難民条約、人種差別撤廃条約などに違反しており、国連やアムネスティなどの国際機関から批判をあびている。

＊38　カナダの新聞The Globe and Mail紙二〇〇五年四月二日
＊39　Edmund Rice Centreのホームページ「Deported to Danger」（二〇〇四年九月）を参照。
＊40　ノルウェーの新聞De Kari - LIII Fredriksen紙二〇〇四年五月一一日
＊41　「四　医療問題」104～105ページを参照。

入管収容の処遇を改善していくことは、被収容者の人権侵害を防止するだけでなく、職員の人間性をも取りもどすことになるのではないだろうか。それはまた、さまざまな価値観を共有し、多様性のある豊かな社会をめざしている国際社会での日本のあり方をみなおすきっかけにもなる。

それを進めるにあたってヨーロッパの収容施設の処遇が参考となるが[*42]、ここでは韓国の収容施設を取りあげることにする。それは、韓国では日本と同様に非正規滞在外国人が増加し、収容施設が日本のそれを手本として作られ、その後の対応が示唆に富んでいるからである。韓国も収容施設での人権侵害が頻繁におきていた。ところが、権力を監視する国家人権委員会が収容施設を調査し、二〇〇五年一一月にその報告書を公表し、勧告を行なった。その結果、収容施設で一定程度の改善がみられるようになってきた。わたしが二〇〇六年三月に韓国の収容施設を訪れたところ、内部の視察が簡単に許可され、しかも所長・課長・医師らが対応し、入管の業務内容が詳しく説明された。入管行政の透明性は確保されているとみていい。病人や子どもなどの不適切な収容はもちろんない。韓国の収容施設は支援団体や行政の手によって良い方向に改善されているようだ。[*43]日本の法務省・入管では、ヨーロッパはもちろん韓国と比べても処遇の改善がかなり遅れており、人権意識の水準の低さがそのまま映し出されている。

国際的な水準に少しでも近づけるため以下の点を入管は改善していかなくてはならない。

・収容期間の上限を設け、難民申請者・病人・在留特別許可申請者・子ども・若年者・子どものいる親・高齢者・裁判係争中の人などを収容しないこと。
・仮放免を弾力的に実施すること。

・暴力的な送還、特に難民申請者の強制送還は中止すること。
・処遇に関する不服申立制度を法務省・入管から独立した第三者機関にゆだねること。
・入管の業務内容を定期的に公開すること。
・仮放免後の経過観察を考慮し、支援団体との連携をはかること。

最後に、医療の改善点について若干の説明をつけくわえる。第四節「医療問題」第四項「不適切かつ不十分な医療」で指摘したように、被収容者が病気になっても医療を保障する姿勢がほとんどみられない。そこでは患者の証言を取りあげて解説したが、ここでは入管職員が語った言葉を引用する。ある被収容者は労災で治療を継続しなければならなかった。支援者が治療のため外部診療を申し出たところ、職員は次のように答え、治療はなされなかった。

「収容に耐えられるかどうかの判断をするのが入管医師の役割である」

これは入管が患者の治療を放棄している発言である。さらに、入管の言う「医師の役割」そのものにも疑

＊42　入管問題調査会編『入管収容施設』(現代人文社、二〇〇一年)
＊43　山村淳平「入管収容施設――韓国では」(『M―ネット』、移住労働者と連帯する全国ネットワーク、二〇〇六年八―九月号10～12ページ)に詳細が報告されている。

問がある。これまで示してきたように「収容に耐えられ」ない人もまた継続的に収容されているからである。むしろ医療軽視の姿勢がこの発言から読みとれる。実はこれが入管の本来の姿なのである。

患者が強度のうつ病で自殺企図した場合、外部の病院で適切な診断と治療を行なわなければならないのだが、こうした緊急時でさえできるだけ内部でことをすませようとしている。仮放免時や強制送還時には、重症患者であっても、病院への紹介状は書かれていない。外部に情報が漏れることはいっさい行なわれず、入管の秘密主義は医療の場でも徹底されている。

それでは、そうした収容施設で働く医師はいったいどのような立場なのだろうか。患者の病気が良くなることは医師としてのやりがいとなり、励みにもなる。ところが、入管でそれを得ることは無理である。長期収容は病気の発生率を高め、病気を悪化させている。その根本原因となっている入管制度や収容環境そのものを疑問視し追求しない限り、医師は対症療法を行なう以外に方法がない。仮に問題意識を持ち、改善するような働きかけをするとしても、一職員がそれを実行にうつすのは不可能である。被収容者が指摘したように「入管のドクターはセンセイたちの指示に従っているだけ」[*44]であり、医師としての独立した判断ができない仕組みになっているからである。医師は入管に従属し、入管本来の目的である収容と退去強制を手助けしているにすぎない。医師個人の資質というよりも、入管制度や収容環境などの構造的な問題がそうさせているのである。その状態がつづけば「職員自身の精神をむしばみ、非人間的な態度にさせていく」。それが高じれば、医師として倫理に欠ける行動へとつながる。だから、理性をもった医師はそこに気づきすぐに辞めていく。[*45]

入管は今後も一般の人が抱いている医療の良い面を巧みに利用していくだろう。しかし、だまされてはいけない。入管制度や収容環境など根本的な問題が解決されないまま、人員や予算を増やし医療設備を整えたところで、入管の医療の質が改善されるものではない。仮にその質が向上したとしよう。それでも、入管の医師は被収容者による信頼をほとんど得られていないので、治療は意味をなさない。治療は、患者と医師との信頼関係のうえではじめて成り立つからである。

被収容者の医療を受ける権利を保障するためには、入管から独立した第三者の医療機関で診断と治療がなされなければならない。少なくとも入管医師の専門外の病気であれば、外部病院への診察を積極的に行なうことが医師としての最低限のつとめだろう。それができなければ、わたしたちは次の要求をたえず行なっていく必要がある。

・医療の質を高めるため、臨床経験の豊富な異文化に理解のある医師やカウンセラーを配置すること。医師に専門知識と経験がなければ、外部病院の専門医にまかせること。
・感染症、とくに結核対策の一環として長期の被収容者にスクリーニング検査を実施すること。
・一定の医学知識の訓練を受けた医療専門の通訳者を配置し、各言語に対応すること。
・職員に緊急時の基本的な医療知識を身につけさせること。

＊44　「四　医療問題」118ページを参照。
＊45　西日本入管センターでは医師が次々と辞めていき、二〇〇二年に医師不在の時期があった。二〇〇六年七月にも医師が退職し、後任が見つからないままとなっている。医師の不在は大村入管センターでも起きている。

・外部の病院との連携を整え、患者の要望があれば早急にそれに応え、病状が悪化すれば外部の病院に至急連絡手配すること。
・第三者の医療機関による医療の監視を定期的に受けること。
・弁護士が要請した医師の診察を受けさせ、診療記録の開示をすること。
・仮放免時や強制送還時には病院への紹介状を書き、収容中服用していた薬を一ヵ月分処方すること。

第四章　国家の壁と民族——インタビュー

山村淳平（聞き手／赤瀬智彦）

（一）最初のきっかけ

――法務省入管による外国人収容に問題があると気づかれたきっかけはなんでしょうか？

一九九九年の頃でした。あるパキスタン人がわたしの勤めている診療所にやってきました。彼の話を聞くと彼は難民だったのです。日本に難民がいることをそれまで知らなかったものですからたいへん驚きました。さらに驚いたのは、彼が八ヵ月間も入管収容施設に収容され、そのあいだ入管職員にひどい暴言を浴びせられたということでした。そして、他の被収容者が殴られたり蹴られたりして暴行を受けていたことを彼は詳しく話したのです。収容されたことが原因となって、彼はＰＴＳＤ（心的外傷後ストレス障害）という病気になってしまいました。それで日本の難民ということ、入管ということ、このふたつに強い関心を持ちました。

――山村さんが入管収容問題に気づかれたのと在日難民に出会われたのは同時だったわけですね。

そうです。それから何ヵ月後かに収容経験のあるビルマ難民が診療所に来て、彼を診察すると、これも収容によるストレスが原因の十二指腸潰瘍がみられました。さらに左側の耳が聞こえないエチオピア難民も診ました。彼は収容中に中耳炎／内耳炎を引き起こしたのですが、適切な診断と治療がなされず、そのまま放置され、結局聴力がまったくなくなってしまったのです。それで、これはかなり問題があるなと思いました。難民を収容していること自体がおかしなことだし、病気を作り、その治療がなにもなされず、しかも長期間にわたり収容していることはずいぶんひどいのではないかと。

それまでわたしには、一九九二～九三年にビルマからバングラデシュに避難したロヒンギャ難民、一九九五年にザイールでのルワンダ難民などの救援活動や調査などの経験がありましたが、まさか日本に難民がいるとは思いもしませんでした。考えてみれば当たり前のことかもしれませんが。

(二) 難民支援の方法

――山村さんが入管に収容された在日難民の支援に実際に携わられるようになったのはいつからでしょうか？

二〇〇一年に入管収容の経験のあるアフガニスタン難民五名が診療所に来たので、彼らの身体的・精神的状態を把握し、そして収容中の状況も聞きました。当時彼らはキリスト教系団体のシェルターで寝泊りしていたので、そこを何度か訪れて、再び収容されることがないように診断書を書きました。他のアフガニスタン難民も収容されていたので、これは非常にいい機会だと思い、牛久の入国者収容所まで行って、彼らの健康状態を聞くことにしました。それが収容所での面会のはじまりです。

日本で難民が収容されているという問題意識を以前からもっていましたが、実際に取り組むにはどのような方法が可能でかつ効果的なのか、どうやってそれを探っていけばいいのか、その糸口をつかむことができませんでした。また他の仕事があり時間の余裕のないまま保留にしていました。そうしたらアフガニスタン難民が来たので、非常にいいきっかけでした。収容されている人たちを実際に収容所で面会し、被収容者の健康状態はどうなのか、収容所はどういうところなのか、彼ら自身に直接聞こうと考えたのです。それで弁護士と相談しながら面会する難民を選びました。面会室では、アクリル越しの三〇分だけで触診もできないけれど、通訳の方に一緒についてきていただき、あるいは英語で話をして、この人はこういう病気があるから仮放免させなければならないという意見書や要望書を書き、それを担当弁護士に渡し、入管の仮放免手続に活用してもらおうと始めました。

——意見書や要望書の作成というのはどのようにしてすすめていかれるのですか?

最初は手探りの状態で、とりあえずアフガニスタン難民二〇数人のいろんな症状を聞きました。そうすると彼らの訴える症状は共通していることが分かってきました。眠れない、食欲がない、手がふるえる、イライラする、お腹が痛い、頭が痛い、家族が心配などです。しばらくして、それをひとつにまとめて問診票をつくることにしました。症状がいつから始まるのか、体重や血圧が収容される前と後でどう変わったのか、難民の場合には母国での迫害があるのかどうか、といったような質問を付けくわえました。

問診票を弁護士あるいは支援者を介して被収容者にあらかじめ書いてもらい、面会時に利用します。最初の半年はわたしがひとつひとつ質問していましたが、被収容者本人に書いてもらった方が早いということです。そうしないとずいぶんと時間がかかってしまうからです。牛久の場合、面会時間は三〇分に制限されて、しかも面会しなければならない人が一日に一〇人のこともあります。わたしの方も時間やエネルギーが無制限にあるわけではなく、効率的にやらないとなかなか終わりません。

――言語はどうされるのでしょうか?

基本的に英語か日本語です。それができない場合には同じ国籍出身の被収容者の中から英語か日本語のできる人を選び、一緒に面会するという形で通訳してもらいます。同じ国籍の難民同士だったら事情も分かりますから。イラン人やビルマ人はたいていどちらかしゃべれます。アフリカ系は全部英語かな。問診票には英語、ビルマ語、トルコ語、ペルシャ語がそろえてあります。

――意見書や要望書を書かれた結果、どのような効果がありましたか?

わたしの書いた意見書や要望書のコピーを本人にも渡します。彼・彼女らはそれを入管の職員や医師に見せているのだけれど、残念ながらあまり効果はないようです。そうした行動はかならずしも仮放免につながりませんが、一定の圧力にはなっているでしょう。被収容者に聞くと、入管の医師はわたしの意見書や要望書をコピーし読んでいることもあるそうです。仮放免されなくても、監視しながら要求していく姿勢が大切ではないかと思います。それによって少なくとも入管側はわたしたちの動向を気にしていることは確実です。証明はできませんが、収容されている他の外国人にも監視の波及効果はあるのではないかと思います。

面会は二〇〇二年から続いています。月に一度です。いま整理してみると、二〇〇人ぐらいは面会しています。一人につき仮放免あるいは強制送還まで四～六回ほど会い、その度に意見書を書きますから、累計すればかなりの数になるでしょう。

わたしの面会にはもうひとつの意図がありました。入管での医療の実態を調査することです。被収容者が入管から受けた被害を伝える場はなく、実際に入管で起きたことを収容中の被収容者にそのまま語ってもらい、わたしはそれをまとめて報告しました。[*1] こうした入管内部の医療の実態報告は日本ではもちろんありません。海外ではいくつかの報告がありますが、数えるほどです。この報告書は入管や法務省に提出するだけでなく、英訳し海外の人権団体や国連人権委員会にも送りました。収容による被害の実態を世界に知らしめ、各国の団体と情報交換することも重要だと考えたからです。これがどこまで効果を及ぼすのか分かりませんが、事実として報告書を残しておく価値はあるでしょう。今回の『壁の涙』はその総仕上げみたいなものです。

(三) 受け入れ国による迫害

——受け入れ国による難民の迫害は、広く見られる現象ですね。一九九〇年代に山村さんは海外で難民の医療支援をされていらっしゃいましたが、当時から、そうした認識をおもちでいらっしゃったのですか?

ええ。バングラデシュのロヒンギャ難民でも、ザイールのルワンダ難民でも、避難先の国で被害にあうということがありました。そこでは難民を受け入れる余裕のない発展途上国の人たちが難民の母国への強制送還を主張し、時には難民に対し暴行・強姦・略奪を繰り返していました。立場の弱い難民は、それでも耐えなければなりません。抵抗しようものなら強制送還されるからです。

バングラデシュの場合、ビルマからの大量の難民をかかえられず、難民を強制送還しようとしました。それで難民の方は帰すなということでデモをし、難民とバングラデシュ国軍兵士が衝突し、発砲事件がおきて、何人かの死傷者がでました。そこに国連難民高等弁務官事務所（UNHCR）が介入し、強制送還はせず徐々に自主帰還を進めるようになりました。これと同じようなことがザイールでも起き、当時のモブツ大統領が軍隊を使って強制送還しようとした動きがありました。それで、避難先の国からも難民は迫害を受けていることをそのとき知りました。日本でも同じようなことが起きているのだなと、この入管問題をとおして実感したのです。

——しかし一方、欧米などでは難民は多く受け入れられています。欧米と日本との違いは医療においても言えるのでしょうか？

日本の難民申請者の場合、健康保険がないため医療費が高く、しかも医療についての情報のアクセスはあ

＊1　山村淳平「傷つけられた在日難民」（『メディカル朝日』二〇〇四年二月号52〜55ページ）および山村淳平「法務省・入管収容所での人権侵害」（『法学セミナー』二〇〇五年九月号70〜74ページ）を参照。

りません。支援団体は資金に乏しく、医療援助はなかなかできません。仮に難民認定されたとしても健康保険に加入できるということ、それだけです。これは欧米とはまったく違います。欧米では難民申請者でも住居や働く機会を提供しているし、医療保障もきちんとしています。日本では基本的な受け入れ策がまったくありません。むしろ、取り締まり・尋問・収容・強制送還などを行ない迫害しています。

そうした迫害について海外の経験から考えさせられたことがあります。それは国際救援活動の役割についてです。本来の救援活動とは別に、むしろそれ以上に重要なことかもしれませんが、国際機関の存在自体が、避難先国から難民の安全を確保し、難民の人権侵害を防いでいるということです。これは日本の場合にもあてはまります。ただし、UNHCR日本事務所がその監視の役割を果たしているかどうかは、かなり疑問です。

この受け入れ国による難民への迫害はそれだけで大きな問題です。国家とはなにか、国家間の関係とは、難民にとって日本政府やUNHCRはどのようにうつるのか、そうした難民の支援はどのようなものか、あるいはそうした状況のなかでの支援団体の活動内容や存在意義はなにか、そもそも難民条約とはいったいなんなのか、をあらためて考えさせてくれます。それをここでは語りつくせないので、別の機会にゆずりたいと思います。

（四）非正規滞在外国人への支援

――入管収容問題に取り組まれるなかで、山村さんが難民以外の人々、非正規滞在外国人の収容問題にも目を向けられるようになったのはいつ頃からでしょうか？

難民にかかわっていると当然、弁護団や他の支援者とのつながりができてきます。それで彼・彼女らから在留特別許可を求めている人たちも収容されているということを聞きました。たとえば日本人を配偶者とする人たちや、五年十年と長いあいだ日本に住んでいる人たち、それから日本で生まれた子どもを持つ親たちです。彼・彼女らには家族があり、長期滞在しているけれど、在留資格はなく超過滞在の理由でつかまり収容されてしまいます。それを聞いたのがアフガニスタン難民収容事件から一年後ぐらいでした。

ただ、被収容者全員を面会するわけにはいかないし、わたしの方も時間的な余裕はありません。どこかで制限を設けなくてはなりません。そこでまず難民を優先しました。強制送還されれば母国で迫害を受ける危険性が高いからです。ふたつ目は弁護士がついていることでした。弁護士がつくというのは、わたしの面会によって入管の嫌がらせなどが起きた場合に、弁護士がしっかりついていたほうが安全と最初は考えていたからです。今はあえて弁護士がついていなくても面会はしています。三つ目は健康状態が悪いということです。健康状態が悪いというのは、他の支援者が面会して客観的に状態が悪そうだと、とりあえずそういう間接的ですが、その情報を得たうえでわたしの方で判断して面会にいきます。それらを条件としました。

それ以外の被収容者でも、一年二年と長期に収容されている人、家族とはなればなれになっている人、社会的弱者の女性もできるだけ面会するようにしています。少し前にアフガニスタン難民申請者の女性が品川に収容されました。日本に長く住んでいてもアフガニスタンの習慣をずっと守りつづけていたので、収容されたとたん、他人のつくった食事には絶対に手をつけず、じっと動かないまま誰ともしゃべらない状態がつづき、だんだんひどくなっていきました。彼女は仮放免されましたが、難民だけでなく、そのような人にも目を向けなくてはならないのではと思うようになりました。

（五）印象的な被収容者

——これまでの面会経験を通じて、とくに印象に残っている被収容者はいらっしゃいますか？

面会した際にビルマ難民の女性が涙を流しながら、児童相談所に保護された自分の幼い子どものことをずい分心配していたのが忘れられません。それが理由で彼女は最終的に帰国するのですが、本当に苦しくつらい決断だったのでしょうね。二度目の面会のときに帰国することを申しわけなく思っていたらしく、わたしに何度も「ごめんなさい、ごめんなさい」と頭を下げ涙を浮かべながらあやまっていました。わたしにあやまることはまったくないのに。そうした仕打ちをした入管のほうこそ彼女にあやまるべきです。

日本人婚約者と離されてしまい、それで精神的なショック状態となり、ものが食べられず、七二キロから五二キロに体重が減った人も印象に残っています。面会したとき彼は車椅子の状態で、話すことがほとんどできませんでした。五ヵ月間収容されずいぶんとやせていました。体重が三分の二になると死ぬ危険性が出てきます。彼の場合は四九キロが限界ですから、非常に危なかったわけです。これは急いでなんとかしなければと思い、国会議員に働きかけ、生命の危険性があることを説明したところ、四日後に仮放免されました。彼は一週間ほど入院し、体調はすこしずつ回復しました。このときほど仮放免までの時間が長く感じたことはありませんでした。仮放免された時は本当に安心しました。最終的に彼は日本人配偶者と一緒に母国のバングラデシュに帰国したのですが、入管でこのような理不尽な扱いをされ、二人ともきっとくやしい思いでバングラデシュに向かったことでしょう。

仮放免直後に大変だったアフガニスタン難民の例があります。収容中に意識消失発作で何度も倒れる人でした。脳梗塞の発作の可能性もあり、入管側も対応しようにも何もできないという状態のままで仮放免されました。弁護士や支援団体が牛久まで迎えに行き、墨田区のアパートを借りて住むようになりました。いつまた意識消失発作が起きるか分からないという状態だったので、彼のアパートに支援者一人がかならず付きそうようにしておきました。実際に意識消失発作が起きて、支援団体をとおして夜中にわたしのところに電話がかかってきました。それで、わたしの方で、救急車を呼び近くの病院に連れて行くように指示する一方、病院にも連絡をとりました。患者の紹介状を前もって書いていたので、入院の手続きはうまくいきました。心配だったので次の日に病院に行ってみると、彼は落ち着いていました。彼は二〇〇一年から難民申請していましたが、行政訴訟で負けてしまい、二〇〇五年にアラブ首長国連邦のドバイへ出国しました。この五年のあいだに顔面神経麻痺になってしまい、今はドバイで入院していると聞きました。彼にとってつらい五年間だったのでしょうね。

他にもうつ状態がひどくなって自殺を図ろうとした患者、ハンガーストライキの被収容者、強制送還になりそうになりＰＴＳＤとなってしまった難民なども強く印象に残っています。収容所で自殺未遂した人たちが仮放免されたのですが、おなかの切り傷が生々しく残っている人もいれば、コインを飲んで自殺をはかろうとした人もいました。かなり落ち込んでいて、彼らの心の傷は本当に深いです。そうした傷は目に見えないので、他の人にはなかなか理解できません。

被収容者本人ではなく、家族がたいへん困ったということもありました。ビルマ難民の夫が収容され、妻と子どもがとり残され、収入の道が閉ざされてしまいました。しかも妻も子どももも病気になってしまったのです。妻はパートで働いていましたが、子どもの医療費を工面するのにたいへん苦労していました。それで病院の小児科の先生に事情をわたしが説明し、医療費の面で配慮していただきたい旨の紹介状を書きました。収容中の夫はかなりその点を心配していたので、面会のたびに、妻や子どもの病気は心配しなくていいよと安心させるように伝えていました。彼の仮放免後は友だちに借金しながらの生活でたいへんだったと思います。今も借金を返さなくてはならず、朝から夜にかけて働いています。入管に収容されると必要以上に苦労しなければならないことがたくさんでてきます。

パキスタンに強制送還された人も、別の意味で強く印象に残っています。パキスタンでわたしが彼に会ったときに、「これまでのイヤなことすべて忘れて、日本人の妻と一緒に暮らすことだけを考えている」と言っていました。わたしは日本に戻り彼の妻に会いました。彼女も「こうしておきてしまったことは仕方ないです。わたしたち二人はこれからのことを大事にしたい」と言ってパキスタンに向かいました。入管にひどいことをされても、それでも前向きに生きていこうとする姿勢にすがすがしさを感じ、二人を祝福したい気持ちになりました。

(六)監視の必要性

——山村さんは講演などで、第三者の医療機関による入管の医療の監視を定期的に受ける必要性について強調されています。この点についてもう少しお聞かせいただけますか。

一般の人は、医療は社会の福祉に貢献しているという良い印象を持っています。そうした面は確かにありますが、気をつけなければなりません。それは、「良い印象」を使う側によってたくみに利用されてしまうこともあるからです。

一例を示しましょう。医療機関を開設するにあたって、その責任者はふたつの手続きをしなければなりません。ひとつは、自治体の保健所に届け、伝染性疾患などが発生すれば、それを報告する義務があります。もうひとつは、医療機関が健康保険診療を行なう際に社会保険庁に申請し、許可を得れば、診療報酬の監査を受けることになります。ほとんどの医療機関はこのふたつの手続きをおこなっています。

ところが例外があります。企業が診療室あるいは保健室を開き、働いている従業員へ診療行為をするとします。その際に前者の手続きの保健所への届け出をしなければなりませんが、後者の健康保険診療の手続きをする必要はありません。企業が医療費を負担するからです。従業員が仕事によって病気になれば、会社が責任を持って治療にあたります。労働安全衛生上大切なことで、聞こえはいいでしょう。ところが、従業員は他の医療機関で診療されないため、企業の密室のなかでことが運ばれてしまい、病気の原因がその企業にあったとしても、それが追求されないまま終わってしまう可能性がでてきます。また、診療報酬の監査がないので、適切な医療対応をしているかどうか、第三者には判断できません。診療室の医師は企業の一従業員にしかすぎず、企業の意向に沿うようにすすめていきます。できるだけ公にせず、隠そうとし、穏便にすませようとします。医療内容は問われず、医療の存在自体で許されてしまうことがでてくるのです。このような例の代表が、企業の労働災害隠しです。

このことは入管の医療についてもあてはまります。普通にチェック機能が働いていれば、医療の質は保たれます。一般の医療機関では医師による症例検討をする場があり、診療の過程で不適切な対応があれば、指摘を受け、治療や予防に反映されます。ところが、入管では医師一人しかおらず、症例検討する場はありません。しかも保険診療でないため、外部の社会保険庁からチェック（診療報酬の監査）を受ける機会もないです。医師は一職員として入管に従属しているため、独立した判断はできず、不適切な対応があっても企業の診療室と同様に「密室のなかでことが運ばれてしまい」、公にされることはまずないでしょう。入管は「適切に医療を行なっている」と言っています。しかし、長期間収容すれば、それだけ病気がたくさんでてきて、入管の医療費は増えていきます。チェックされないまま不適切に使われ増大する医療費は、わたしたちの税金でまかなわれています。医療費の点からもいっても長期間収容するのは無意味で、早期に仮放免させることが病気の予防と医療費軽減につながります。入管の医療は口実として利用されているのではないかと疑ってみたほうがいいでしょう。だから、だまされないように絶えず監視することが重要になってくるのです。

（七）韓国の入管と国家人権委員会

――最近、山村さんは韓国の入管収容施設を訪れられ、収容所内部の見学をされて、被収容者の処遇が改善されつつあることを確認されています。またチェック機能に関して、国家人権委員会が一定の役割を果たしていることに注目され、実際にその事務所を訪れられていますね。

国家人権委員会は二〇〇一年に設置された人権侵害を調査する機関で、立法・司法・行政の三権から独立しています。人権状況の報告を毎年実施しており、検察や警察など国家権力による人権侵害が調査対象の八割を占め、政府に勧告しています。政策提言や勧告などは尊重されますが、強制力はなく、処罰する権利もありません。国会議決権はないですが、議案に応じて反対意見は表明できます。

韓国もまた法務部運営の収容施設の処遇がひどく、人権侵害が起きていました。そこで国家人権委員会が収容所の実態調査を行ない、勧告をあたえ、処遇が改善されたという経緯があります。

国家人権委員会の存在意義は大きく、韓国のNGOのあいだでは国家人権委員会の評価は非常に高いです。韓国では人権という概念が浸透しつつあり、実際の行動にそれがあらわれてきています。人権派の弁護士が法務部長官にえらばれ、法務部の役割が人権保護にあることを法務部長官が強調している点からもそれはうかがわれます。

日本では「権力を監視する独立した機関」は残念ながら存在しません。むしろ人権侵害している法務省がその内部に人権委員会を設けようとしています。これは明らかに矛盾しています。被害者が加害者に調査や救済を求めることになってしまうからです。

韓国でも国家人権委員会が作られる過程で同じような動きがあり、最初は法務部傘下の機構として設置される予定でした。ところが、市民団体や弁護士団体が強く反発し、それを阻止しました。そして三権から独立した組織として始めることになったのです。国家人権委員会の委員は二〇〇二年に日本の法務省の役人が訪れた、と言っていました。法務省は、韓国のこうした経緯や権力による人権侵害の報告内容について、参考にしないで隠しとおすか無視するでしょうね。

日本では人権保護法案の再提出の動きがかならず出てきます。その内容について、人権保護機関は他の権力機関を監視するような形にしなければなりません。そのためには三権から独立した組織、少なくとも人権侵害している法務省から独立した組織で、しかも市民団体の要望をとりいれるようにしなければなりません。そうしたチェック機能は、どの組織であろうと一個人であろうと必要なことで、組織や個人の質を高めることになります。

チェック機能としてわたしたちが現在行なっているのは、①被収容者から事実を集積し、②その記録（報告書、本、映像）を残し、③国内の各団体と連携し、④海外の各団体と情報を交換しながら、⑤マスメディアをとおして広く訴える。また、⑥国会議員に入管の監視および法改正を働きかけ、⑦被害者の国家賠償請求訴訟をおこし裁判所に訴え、⑧国連人権委員会、ヒューマンライト・ウォッチやアムネスティ・インターナショナルなどの国際社会にも訴えていく。そして、⑨直接入管に待遇改善の申し入れをすることです。

（八）官僚制の弊害

――⑨の入管への申し入れについて、先方からはどのような反応があったのでしょうか。また入管職員に対してどのような印象をもたれていますか。

入管職員には特別な感情をもっていません。彼らも忠実に仕事をしているだけです。ときどき食堂で会ったり、申し入れの後に入管職員と個人的に話したりすることがあります。接してみても普通の人で穏やかな感じのいい日本人です。ここで指摘したいのは、その「穏やかな感じのいい日本人」が「忠実に仕事をしている」結果、人権侵害しているという事実との落差です。その理由をたどっていくと、その上層部つまり官僚、そして官僚制に原因があるのではないかと思うようになってきました。官僚制によってしばられる人間がどのような事態をまねくのかは、第三章「入管収容の実態」第八節「入管の『国際化』にむけて」で少し触れています。

それをさらに鋭く指摘した人にユダヤ人哲学者のハンナ・アーレントがいます。ホロコーストの責任者の一人であるアドルフ・アイヒマン[*2]がイスラエルのエルサレムで裁判を受けた際に彼女は裁判を傍聴し、その記録をまとめています。アイヒマンはごく普通の人間で、家庭的な父親であり、実直な官僚にすぎませんでした。ユダヤ人が恐れたような〈怪物〉ではもちろんなく、悪魔的なものはなにひとつありませんでした。ところが彼は数百万人のユダヤ人虐殺に深くかかわっていたのです。アーレントは著書『エルサレムのアイヒマン』でその点について指摘しています。

「その正常さはあらゆる残虐行為を集めたものよりもずっと恐ろしい。というのも、この正常性は、実際の〈人間の敵〉であるこの新しいタイプの犯罪者が、自分の罪を意識することをほとんど不可能にさせる条

＊2　アドルフ・アイヒマンはナチスドイツ時代の国家保安本部に勤務し、「ユダヤ人問題の最終解決」の行政・兵站業務の最高責任者の一人であった。ユダヤ人がとどこおりなく強制収容所に送られるように、彼は書類を整理し、列車時刻を調整し、有能な官僚として任務をはたし、〈絶滅〉というシステムを機能させていた。敗戦後、戦争責任の追及をのがれドイツから姿を消した。行方がわからないあいだ彼はユダヤ人から〈怪物〉とおそれられていた。しかし一九六〇年にイスラエルの諜報機関・モサドによってアルゼンチンのブエノスアイレス郊外でとらえられ、翌年エルサレムで裁判にかけられ死刑の判決がくだされ、そして処刑された。

件のもとで行動することを意味していたからである」

その後、官僚制とホロコーストとの関係が明らかにされ、近代的な国家の犯罪の恐ろしさがうきぼりにされたのです。

――アーレントのいう「自分の罪を意識することをほとんど不可能にさせる条件のもとで行動すること」を山村さんは入管職員のなかにも見いだされているわけですね。

そうです。わたしたちが法務省や入管に収容所の待遇改善を申し入れするたびに、法務省の官僚や入管職員はいつも答えていました。

「被収容者の処遇は法律にもとづいて行なわれている」「わたしたちにその責任はない」

わたしはそれを聞いたときアイヒマンの言動に重なっていると思いました。裁判中アイヒマンは強制収容所について語っています。

「この暴力的な解決は正当化されるものではない、と思っていた。恐るべき行為だと考えていた。しかし、とても悔やまれることに、忠誠の誓いに縛られていたので、わたしは自分の課で、輸送の問題に携わらなければならなかった。その誓いから解放されていなかったのです……。

わたしは心の底では責任があるとは感じていませんでした。あらゆる責任から免除されていると感じていました。……命令に従って義務を果たした。そして、義務を果たさなかったと非難されたことは一度もない」[*3]

入管職員が「命令に従って義務を果たした」結果、本書で示した性質の人権侵害がおきています。ホロコーストと比べれば小さな出来事にすぎないかもしれませんが、法務省の入管が行なっていることは本質的に同じとみていいのではないでしょうか。外国人問題の〈最終解決〉をはかるため、取り締まりを強化し、人間狩りのように、幼い子どもまでもとらえ、長期間収容し、密室のなかで暴行をはたらき、病気をわずらっても十分な治療をほどこさず、そして強制的に母国に送還している。それが難民申請中の人であってもです。

個々の官僚や入管職員に接しても、彼らは「穏やかな感じのいい日本人」であり、「ごく普通の人間で、家庭的な父親であり、実直な官僚」です。そして、「自分の罪を意識すること」はほとんどありません。そうさせている仕組みに問題の根源があるのです。程度の差こそあれ、国境を超えどこにでも、時を経ていつの時代にも、わたしたちの身近にアイヒマンがよみがえり、国家による現代的な犯罪があらわれてくることを法務省の入管は教えてくれます。それがどんなにひどいことであっても、国家を運営する官僚と官僚制に行為

＊3　ロニー・ブローマン／エイアル・シヴァン『不服従を讃えて』（産業図書、二〇〇〇年）

の正当性が与えられてしまっているのです。

入管問題をとおしてこの官僚制の弊害によって生じる国家の犯罪ということを強く意識しました。この官僚制は近代国家を運営していくには必要なのでしょうが、それが巨大化し、統制がとれなくなれば暴走することだってありえます。おそらく、徳川幕府時代から官僚制の芽は出ていたのでしょう。近代化以降（明治以降）それが少しずつ成長していき、ナチスの時代と同じ頃に日本の官僚は膨張し、他国への侵略を行ないました。当時の軍部は官僚そのものです。敗戦後に官僚の力はいったん弱まったのですが、すぐに復活しはじめ、最近では巨大化しつつあります。いずれわたしたち日本人にその弊害が再びふりかかってくるかもしれませんし、国家の犯罪に荷担することにもなりかねないでしょう。だから、その暴走に歯止めをかける抑制機構がぜひ必要となるのです。

（九）国家の普遍的な暴力性
――官僚制を軸とする近代国家において、内外への抑圧と迫害は普遍的な課題であると考えてよろしいのでしょうか。

国家というものは、異質なもの、異議を唱えるもの、あるいは少数派に対し、それが自国民であっても、時に暴力的に抑えつける性質をもっています。そのために暴力装置を独占し、それを育てあげます。軍隊・警察・機動隊・刑務所・入管収容所がそれです。また、法的な縛りをかけ人々を管理・統制していきます。国境を超え流入する外国人に対しても暴力装置と法律で徹底的に排除します。その厳しさの背景には、他民族への差別や蔑視が存在しています。

さらに国家はその暴力性を隠蔽するために欺瞞を必要とします。これもまた、国家の性質のひとつでしょう。例をあげます。入管が編集にかかわっている雑誌で国際貢献が特集され、その中で日本政府が立ちあげた国際緊急援助隊の活動理念が述べられていました。それは、「国際社会の一員」、「相互扶助」、「人道主義」です。海外での難民や被災民への「支援」は大切なことです。しかし、それはなぜか奇妙なひびきに聞こえます。足元の日本で入管に日々おびやかされている外国人や被収容者への「支援」はどうなっているのか、という素朴な疑問が生じるからです。むしろ外国人差別や蔑視が本質ではないでしょうか。国内の外国人政策の実態は、先の言葉をもじれば、「非国際的」、「一方的排除」、「非人道主義」という形容のほうがふさわしいです。国家が行なう海外「支援」は欺瞞としてみたほうが、その整合性がとれます。自衛隊の海外「支援」は欺瞞の典型例といえるでしょう。軍隊はそもそも暴力装置であって、人道「支援」は本質的にありえません。歴史的にみても、国家の暴力装置が外に向かうと一般の人々が被害にあっています。それが知られると、国家の立場は当然悪くなっていきます。だから、国家は権力を維持していく上で、それを正当化するため、暴力的な支配とともに、人々をだます巧妙さをかねそなえているのです。

（一〇）日本の民族問題の特殊性

――官僚制の弊害としての国家犯罪という側面以外に、入管について考えていらっしゃることについてお話しください。

先ほど話したようにわたしは海外で医療救援活動や調査をしていました。その経験からいろんなことが分かってきました。フィリピンでは自然災害でもっとも被害のあったのはアエタ先住民族であり、マレーシアでは放射性廃棄物不法投棄の被害を受けたのは中国系住民でした。ビルマのロヒンギャ民族は二級市民以下の扱いですし、カレン民族はタイ国境に十数万人の難民として逃れています。イランではバルーチスタン地域の格差がみられ、アフリカのルワンダではツチ民族とフツ民族の深刻な対立がありました。どの国でも民族問題がかならずみられ、国家が少数民族に対していかに迫害しているのかが理解できたのです。入管問題についても、少数民族としての外国人への国家による抑圧と迫害という側面がみてとれます。

地球が狭くなりつつある現代社会でこの民族問題はさけられません。他の先進諸国では民族問題に苦しみながらも、外国人を受け入れ、将来に向け共に生きる社会のあり方を模索しようとしています。ところが、日本は閉鎖的な社会で、その対処方法がわからないままです。そうした状態で日本人が他民族に接すれば、過去がそうであったように悲劇がかならず生みだされます。この民族問題は、今後日本が世界に開かれていくうえで大きな障壁となっているのです。

——日本については、近代国家のもつ普遍的な暴力性という側面とは別に、この社会の特異な閉鎖性を「民族問題」の観点から見る必要があるということでしょうか。山村さんは日本のこうした特徴が、いつからどのように形成されたと思われますか。

世界史的にみても、昔から人々は自由に土地を移動し、それとともに情報は伝わっていき、そこに人々の交流が生まれ、新たな文化と思想がつくり出され、高度の文明が発達してきました。日本も例外ではなく、特に一六世紀頃それが活発化され、海外との貿易や人の往来も盛んとなり、日本に充満していたエネルギーが外に向かって放散しようとしていました。ところが、ある時期になると突然奇妙な行動をとりました。それは江戸時代の鎖国です。世界史的にみても特筆すべき不思議な出来事です。

それには理由があります。当時海外からの思想、キリスト教の布教が浸透し成功をおさめ、西南キリスタン大名とスペインの連合勢力が勢いを増し、対抗勢力として伸張してきました。江戸幕府は成立して間もない頃で、それに脅威を感じとったのでしょう。島原の乱を経て、キリスト教徒は徹底的に弾圧され、外からの人の流れと情報はいっさい閉ざされてしまいました。以後江戸幕府は海外への渡航を禁じ、人々をその枠内で閉じ込めてしまい、二世紀半以上にわたる政権を維持することができました。鎖国は大成功だったのです。それを可能にしたのは、ひとえに地理的条件のおかげでした。極東に位置し、海に囲まれているため、西欧列強の手の届くことがなかったからです。しかし、黒船の到来により開港がせまられ、人と情報が入り込み、変化を余儀なくさせられました。江戸幕府はほどなく滅び、それにとって代わる近代国家への歩みを日本は始めたのです。

――近代になっても、鎖国体制を根幹とする日本の閉鎖性は打ち破られるどころか、官僚制を取り入れることによってより強固になった、とお考えなのですね。

そうです。新しい近代国家（明治政府）は国内の人々をより効率的・効果的に統制・管理する仕組みを取り入れました。それが先ほど述べた官僚制です。国境線がひかれ始めると、国境は国家の存在に大きな意味を持ち、次第に拡大していきました。新しい国家は人々を軍事的に組織化し、土地と資源と労働力を求めて近隣諸国を侵略したのです。その過程で朝鮮半島および台湾に住む人々への同化政策を強行しました。高い文化をもった人々に日本の文化を押し付けようとしたのですが、もちろん強い抵抗にあい大失敗でした。やはり異民族というものを日本人は知らなさすぎたのでしょう。それと同時期に多くの韓国・朝鮮人や中国人は日本に強制的に移住させられました。

国境拡大は大きな失敗に終わり、日本の領土は縮小しました。敗戦当時国内に住んでいた韓国・朝鮮人や中国人は、サンフランシスコ条約締結前に突然日本国籍を剥奪されてしまい、外国人として扱われるようになりました。さらに外国人を排除する「入管法」、外国人を管理する「外国人登録法」、外国人を同化させる「国籍法」が同じ頃に制定されました。いつでも国外追放可能で、しかも権利のない状態にさせられてしまい、生活していくうえでたいへん困難をきわめました。それはすこしづつ改善されてきましたが、現在も状況は基本的に変わりません。西洋では旧植民地出身の国内外国人に対し次第に市民権が与えられた過程とは著しく異なった対応です。

鎖国政策の影響が強く残り、地理的条件も加わり、日本人は他民族と正面で向き合う経験が非常にとぼしいのです。さらに近代国家を形成していく過程で、ある時期には他国に自国の文化をおしつけ、敗戦後になると、国内の韓国・朝鮮人への排除が推し進められ、あるいは同化が強要されてきました。そのため国内の韓国・朝鮮人は目に見えない存在とされてしまいました。

このように日本は、他民族に接する機会がきわめて限られている世界でもめずらしい社会です。そのため日本人は外国人に対しての接し方がわからず、時には国家の意のままあやつられ、外国人を排除する傾向が強くなっています。諸外国でも民族間の摩擦がありますが、それに悩みながら、経験を積みかさね、対処の方法を工夫してきています。日本の場合、民族間の摩擦以前に、それを経験していないところに弱点があるのです。国家による発動のひとつは国境の維持で、日本が他の国と比べ国境管理にとりわけ厳しい理由に民族問題があげられます。二一世紀の日本が直面する大きな課題のひとつが、これだと思います。

（二一）現代社会の課題

――最後に、わたしたちはどのように日本の民族問題に向き合い、国家の持つ普遍的な暴力性にどのように抗うことができるのかについて、お伺いしたいと思います。

現代になっても人々の移動はつづいています。それは交通機関の発達によってかつてない大きな規模の動きとしてあらわれ、難民を含めた人々が国境を超え、「南」の開発途上国から「北」の先進諸国におしよせてきます。そうした流れは今後もとめられません。そのほとんどは「南」から逃れてきた人々であり、現代的な課題をたくさん背負っています。非民主的政治体制・貧富の格差・難民・飢餓・殺傷兵器・人身売買・ＯＤＡ援助・企業進出・環境破壊などがそうです。先にあげた民族問題もそのひとつでしょう。その持ち込まれた「南」の問題をよく吟味すれば、実は「北」の日本が深くかかわっており、わたしたち自身の問題でもあるのです。二一世紀の人類は大変複雑な時代を生きていくことになるのだなと思います。

そうした流れでも、次のような点もまた現代的といえるのではないでしょうか。外国人の流入や接触によって日本社会ではさまざまな軋轢が生じてきています。しかし、その一方で人々の意識や価値観にも変化があらわれてきています。入管が外国人の人権侵害を具体的に示してくれた結果、わたしたち自身も人権擁護の重要性に気づかされたのです。もともと人権という概念は、絶対権力の暴力から被害者を守るために始まったものです。人権擁護は今後ますます大きな比重を占めていくことでしょう。それは単に概念としてとらえるだけでなく、実際の行動面にもあらわれ、日本の社会に少しずつ浸透してきています。たとえば、外国人の権利を守るために人権団体や外国人支援団体が積極的な活動を展開しています。こうしたことは十数年前にはみられなかった現象です。こうした動きこそが、日本が直面する民族問題を解くカギになるのではないでしょうか。

日本人が外国人を含む少数派の権利を要求していけば、国家はその対応をせまられ、体制自体が変化せざるをえなくなります。そうした人々の意識変革は、実は国家が恐れるところなのです。それは、外来思想によって政権が転覆されるかもしれないと考え鎖国を断行した江戸幕府となんら変わりありません。恐れているのは、テロではなく、外国人でもありません。異文化との交流によって生じる思想であり、人々の意識変革なのです。

日本では「鎖国の時代」は今なお続いています。しかし、その固い扉をあけ、世界に目を向け、新たに切り開いていくのは、国家の壁を乗り越えようとするひとり一人の市民です。置かれている立場は違っても、社会に対して疑問を感じることは誰にでもあります。それをみずから解明していくことは、技術的な点さえ学べば、誰にでも可能です。社会の危機的な状況に警鐘を鳴らす人はもっとも弱い層からあらわれてきます。その社会的弱者に接して、彼らと同じ立場にたち、ゆっくりと時間をかけ、問題点を整理し、病んだ社会現象を正確にとらえていく。そこではじめて、物事の本質にせまることができます。それは国家の暴力を抑え、欺瞞を見破る力になりえます。人類の現代的な課題を解いていく知恵は、おそらくそこから生まれるでしょう。

おわりに　かなたから彼・彼女らの声が聞こえてくる

山村淳平

強制送還された人々の国々をたずね、証言を聞き取っていたときのことである。パキスタンの安宿にとまり、ベッドに横たわり、天井につけられた大型扇風機がまわっているのをぼんやりとながめながら、ふと思った。

自分はいったい何をやっているのだろう。

うだるような暑さで汗がながれでてくる。食事は毎日辛いカレーばかりでのどを通らない。下痢もおこしてしまった。彼らの証言をとるため、移動に次ぐ移動で体力を消耗してしまう。道をあるけば、車の排気ガスをイヤでも吸うことになり、気分が悪くなってしまう。騒音の充満した空間で神経をすり減らす。イスラマバード、カラチ、テヘランと飛行機で乗り継いだのだが、予約がうまくいかず、足止めもくらってしまった。パキスタンやイランへの旅を思いたたなければ、今ごろはエアコンの効いた涼しい静かな診療室で聴診器を患者の胸にあてたり、胸のレントゲン写真をながめたりして、おだやかな一日を過ごしていたことだろう。

しかし、わたしはそこにいた。

はるかかなたから彼・彼女らの声が届き、きっとわたしを呼びよせたにちがいない。強制送還された、そして仮放免された人々の証言は入管でなにがおきていたのかを明らかにしてくれた。それをこの世に訴える価値は充分ある。彼・彼女らの声をぜひ伝えたい。いま証言を残しておかなければ、永遠に消え去っていく。公に書かれてある歴史は勝者のそれであり、勝者の暴力にしいたげられた者の語りがそこにあらわれることはけっしてない。それらを記録する衝動をわたしははじめて感じたのである。後世に記録を残していく行為は人間にそなわっている本能かもしれない。その本能がきっとよびおこされたのだろう。

入管で起きていることは多くの人にとって無関係である。知らなくてもすまされる。しかし、それに目を閉ざせば、あらたな悲劇が生み出される。安定した社会であれば、その恐ろしさは表面にあらわれてこない。ところがその社会になんらかの異変が突然生じた時、優位に立つ人は狂気に走ることがある。その際もっとも犠牲になるのは劣位の社会的弱者である。過去をたどればそうした悲劇がすぐ浮かぶのではないだろうか。関東大震災では朝鮮人の多くが虐殺され、戦時中の満州では七三一部隊による人体実験が実施されていた。そこには他民族への蔑視、支配者としての優越性、犯罪者——実際には犯罪者ではなかった——への嫌悪、そして医師としての優位性などが根底にひそんでいる。入管でおきていることは程度としてごく軽いかもしれないが、それらと本質的なちがいはなく、あらたに始まる残虐性のまえぶれなのかもしれない。将来もおそらく社会的な激変や何らかの異変は生じるだろう。そのときに過去と同様の悲劇が繰りかえされることはありうるのだ。

わたしは診療所で外国人患者の診察にあたっている一人の医師にしかすぎない。それでも外国人患者の身に起きていることに耳をかたむけていけば、社会的な問題が病気の背後にひそみ、それが病気を引き起す大きな原因であることに次第に気づくようになってくる。入管問題はそのひとつである。そうした社会の病理を追及するにしても一医師ではとうてい解決できるはずもない。しかし、支援活動を通して多くの仲間に出会ったのが幸いした。わたしは、本書の執筆者とともに、人権団体・外国人支援団体・弁護士団体などと協力しながら、被害を記録し公にすることをきめた。その行為をかりたてたのは入管収容の被害者だけではなかった。次の団体の日本人が後押しし支えてくれたのである。ここに感謝の意をあらわしたい。

アムネスティ・インターナショナル日本、移住労働者と連帯する全国ネットワーク、牛久入管収容所問題を考える会、牛久暴行訴訟弁護団（通称シルクロード弁護団）、カトリック東京国際センター、クルド弁護団、クルド日本友好協会、全国難民弁護団連絡会議、難民・移住労働者問題キリスト教連絡会、日本カトリック難民移住移動者委員会、日本キリスト教協議会の在日外国人人権委員会、ビルマ弁護団、ビルマ市民フォーラム、入管問題調査会、港町診療所、ラフィック。

そして、ジャーナリストの土井敏邦氏および野田雅也氏には聞き取り調査やＤＶＤ制作に協力していただいた。記してお二人に感謝したい。また庭野平和財団から聞き取り調査の助成を受けており、ここに深謝したい。本書を出版することをこころよく引き受けていただいた現代企画室の太田昌国氏にも心よりお礼を申し上げたい。

第二刷のための追記（二〇〇九年六月二二日）

本書出版後入管の対応に変化のきざしがみられはじめた。一年以上の長期収容および子どもの収容は少なくなった。支援者の把握している範囲で、保護房での暴行はほとんどみられず、難民申請者の強制送還も聞かれない。収容所内の待遇改善は進み、土日にも共有部屋は開放され、温水シャワーが使用可能となり、各棟には図書館が設置された。さらには収容所内の見学が許可されるようになった。本書がそれらに貢献したと思いたいところだが、そうではなく右記の団体の入管との交渉や申し入れのたまものである。だが良くなったからといって安心できない。入管みずからがその非に気づき反省した結果ではないからだ。今後も入管への監視は、だから怠ってはならない。

「壁の涙」製作実行委員会
赤瀬智彦（一橋大学大学院　学生）
児玉晃一（東京パブリック法律事務所　弁護士）
斎藤紳二（カトリックさいたま教区　助祭）
高橋　徹（入管問題調査会代表）
柳下み咲（アムネスティ・インターナショナル日本　難民／死刑廃止担当）
山村淳平（港町診療所　医師）

壁の涙　法務省「外国人収容所」の実態
発行　：2007年3月31日　初版第1刷
　　　　2009年7月20日　　　第2刷500部
定価　：1,300円＋税
編者　：「壁の涙」製作実行委員会
装丁　：野田雅也
発行所：現代企画室
150-0031　東京都渋谷区桜丘町15-8-204
Tel. 03-3461-5082 ／ Fax. 03-3461-5083
e-mail. gendai@jca.apc.org
http://www.jca.apc.org/gendai/
印刷所：中央精版印刷株式会社

ISBN 978-4-7738-0703-5 C0036 Y1300E

現代企画室の新刊（2006年9月〜2007年1月）

鴉の目
大道寺将司句集Ⅱ

序文／辺見　庸

秋の日を映して暗き鴉の目――「本書表題のもとともなった右の一句に私の眼は激しく撃ち抜かれた。この十二字のためなら数百枚の稿を費やす意味がある、とさえ思った」と辺見庸氏が語る、確定死刑囚・大道寺将司の最新句集。忘却による記憶殺しに荷担しない言葉がここには詰まっている。

定価一五〇〇円＋税

インディアス群書13巻（第14回配本）

グアヤキ年代記
遊動狩人アチェの世界

ピエール・クラストル＝著

「国家に抗する社会」論で現代思想に深い影響を与え続けているクラストルが、パラグアイのグアヤキ先住民の社会をつぶさに記録した文化人類学の大著。ドゥルーズは本書を、「感覚的で、能動的で、政治的な民族学であり、〈異民族文化抹殺〉という語は、この新たな民族学から見て、その完全な意味を持つようになるのである」と評価している。毬藻充＝訳

定価四八〇〇円＋税

体験的「反改憲」運動論
シリーズ「改憲」異論④

ピープルズ・プラン研究所＝編

支配勢力が押し進める「改憲」に反対する立場は、「護憲」でしかあり得ないのか。さまざまな課題に即した運動の中で発見されてきた現行憲法の積極面を見つめなおし、何よりも現状変革に向けて「反改憲の論理」を鍛えあげる。執筆者／白川真澄、国富健治、竹森真紀、天野恵一

定価一〇〇〇円＋税

ダンスについての対話 アリテラシオン

ジャン＝リュック・ナンシー＋マチルド・モニエ＝著

すべてのものが踊る、人生に一回は。哲学者ジャン＝リュック・ナンシーとコンテンポラリーダンスの旗手マチルド・モニエが、対話／共同作業を通じて身体のもつ独異性、根源性を考察したダンス、身体芸術論。ナンシーによる一連の表象／イメージ論の新展開。大西雅一郎＋松下彩子＝訳

定価二五〇〇円＋税

ピノチェト将軍の信じがたく終わりなき裁判
もうひとつの9・11を凝視する

アリエル・ドルフマン＝著

「九・一一」テロルの悲劇は、米国の独占物ではない。その凶暴さにおいて比類なきチリ軍事クーデタは一九七三年九月一一日に実行された。米国の支援を受けて――それから二五年後、ロンドンで逮捕された軍事政権の中心人物、ピノチェトの裁判をめぐるサスペンス・ドキュメント。宮下嶺夫＝訳

定価二四〇〇円＋税